心一堂術數古籍珍本叢刊

書名：增補高島易斷（原版）附虛白廬藏日本古易占五種（三）

系列：心一堂術數古籍珍本叢刊　占筮類　第三輯　245

作者：【日本】高島吞象　等、【清】王治本中譯

主編、責任編輯：陳劍聰

心一堂術數古籍珍本叢刊編校小組：陳劍聰　素聞　鄒偉才　虛白盧主　丁鑫華

出版：心一堂有限公司

通訊地址：香港九龍旺角彌敦道六一〇號荷李活商業中心十八樓〇五一〇六室

深港讀者服務中心：中國深圳市羅湖區立新路六號羅湖商業大廈負一層〇〇八室

電話號碼：(852)9027-7110

網址：publish.sunyata.cc

電郵：sunyatabook@gmail.com

網店：http://book.sunyata.cc

淘寶店地址：https://sunyata.taobao.com

微店地址：https://weidian.com/s/1212826297

臉書：https://www.facebook.com/sunyatabook

讀者論壇：http://bbs.sunyata.cc/

版次：二零二一年五月初版

平裝：八冊不分售

定價：港幣　　一仟六百八十元正
　　　新台幣　六仟九百八十元正

國際書號：ISBN 978-988-8583-91-1

版權所有　翻印必究

香港發行：香港聯合書刊物流有限公司

地址：香港新界荃灣德士古道二二〇一二四八號荃灣工業中心十六樓

電話號碼：(852)2150-2100

傳真號碼：(852)2407-3062

電郵：info@suplogistics.com.hk

網址：http://www.suplogistics.com.hk

台灣發行：秀威資訊科技股份有限公司

地址：台灣台北市內湖區瑞光路七十六巷六十五號一樓

電話號碼：+886-2-2796-3638

傳真號碼：+886-2-2796-1377

網絡書店：www.bodbooks.com.tw

台灣秀威書店讀者服務中心：

地址：台灣台北市中山區松江路二〇九號一樓

電話號碼：+886-2-2518-0207

傳真號碼：+886-2-2518-0778

網絡書店：http://www.govbooks.com.tw

中國大陸發行　零售：深圳心一堂文化傳播有限公司

深圳地址：深圳市羅湖區立新路六號羅湖商業大廈負一層〇〇八室

電話號碼：(86)0755-82224934

心一堂微店二維碼

心一堂淘寶店二維碼

高島易斷

下經　利

下經

利

澤山咸	一	丁
雷風恒	九	丁
天山遯	十七	丁
雷天大壯	二十五	丁
火地晉	三十四	丁
地火明夷	四十四	丁
風火家人	五十四	丁
火澤睽	六十三	丁
水山蹇	七十四	丁
雷水解	八十三	丁
山澤損	九十二	丁
風雷益	百二	丁
澤天夬	百十三	丁
天風姤	百二十五	丁
澤地萃	百三十五	丁
地風升	百四十四	丁
澤水困	百五十二	丁
水風井	百六十一	丁

增補高島易斷

大日本橫濱　從五位高島嘉右衛門　講述

東京　　　　柳田幾作　筆錄

清　國寧波　王治本　補正

周易下經

䷞　澤山咸

上卦首乾坤以天地爲萬化之原也。下卦首咸恒以夫婦爲五倫之始也。天地
不分不成兩儀。男女不合不成生育。故乾坤以二老對。而咸則以二少交咸之
體。亦自乾坤來。乾三索于坤得艮。艮爲少男。坤三索于乾得兌。兌爲少女。男女
相感自其性情。而二少相合。男下於女。尤感之正也。有心爲感。无心爲咸。咸皆

增補高島易斷

也。卦體以山澤通氣。六爻皆應。咸和通暢。物我偕藏。此卦之所以名咸也。

咸亨利貞。取女吉。

咸亨。亨通也。男女相合者七卦。恒是男女皆長。既濟未濟中男中女。漸歸妹以少遇長損雖男女皆少。而女下於男皆未若咸之亨而正也。取女吉者。婚禮自納采以至親迎。皆男下於女。六禮不備。貞女不行。關雎一篇所云。窈窕淑女。君子好逑。取女之吉。於此可見。詩註謂淑女有幽間貞靜之德。是即利貞之旨也。咸以兌澤艮山二氣相感。感而遂通。然少男少女情好易通得正則吉。失正則凶。故曰利貞。取女之吉。惟其貞也。

象傳曰。咸感也。柔上而剛下。二氣感應以相與。止而說。男下女。是以亨利貞。取女吉也。天地感。而萬物化生。聖人感人心。而天下和平。觀其所感。而天地萬物之情可見矣。

此卦以艮之少男下兌之少女。取象於夫婦之始。婚姻之道也。柔上而剛下者。

柔者婦道。剛者夫道。謂剛柔二氣上下相感。止而說謂閨房之事。說而不止。則

悅未免流於淫。止而不說則止。或至失其歡。艮以止之。復兌以悅之。斯感得其

正。則倡隨有辨。節宣有時。而有感遂通。故能亨。蓋卦體以感為義。卦象以亨為

善。卦位則以男下女為吉。夫取即娶也。按禮云男先於女。剛柔之義

也。知所謂男下女者。降男子之尊以重親迎之禮。固非鑽隙踰墻者所可比也。

故曰利貞。女下於男。夫婦之常道也。故卦取諸恒。男下於女迎娶之始。禮也。故

卦取諸咸。咸者感也。剛柔之用。以氣相感。婚姻之道以情相感。而少男少女。尤

情之易感者也。以其情之易感也。而見其相說。亦以其情之易感也。而貴乎能

止。蓋即艮山之靜以制其兌澤之動也。咸利其貞。貞斯亨。亨斯吉矣。由是推之。

閨房啟王化之原。俯齊括治平之要。天地以其咸感萬物。而萬物生焉。聖人以

其咸感人心。而人心平焉。化生之功由此成。和平之福由此普。民之止無形。兌

之悅無言。無形無言。而感化神焉君子觀於此。而天地人物感應之妙。皆可識
矣。

以此卦擬人事。卦體爲艮男兌女。彖辭曰。取女吉。是人倫之始事也。序卦傳曰。
有男女。然後有夫婦。有夫婦。然後有父子。有父子。然後有君臣。有君臣。然後有
上下。其道實自乾坤定位而來。乾老陽坤老陰。乾變艮則爲少陽。坤變兌則爲
少陰。陰陽之體一也。陰陽即男女。艮二陽一陰。兌一陽二陰。合其體而爲一。象
男女之交也。民爲求。有好逑之義。兌爲妹。有歸妹之象。是謂婚姻之始。兌爲悅。
民爲止。樂而不淫。婦道之所以重利貞也。六爻之辭。多取於人身。拇腓股皆屬
下體。心腮輔皆屬上體。一俯一仰。一動一靜。陰陽相濟。剛柔相交。咸之卦德備
矣。夫夫婦一小天地也。萬物各有陰陽。即各有夫婦。萬物之化生。人心之和平。
胥是道也。此聖人所以爲人倫之至。咸卦所以冠下經之首。觀其象而可知矣。]

以此卦擬國家。上卦爲政府。有兌澤徧敷之象。下卦爲人民守艮止各安之義。
九五陽剛之君。與上六相比。與六二相應。諸爻亦俱與九五相感應。故咸一卦。

皆取象於拇腓股思脢輔譬如人之一身四肢九竅有痛痒相關一氣聯絡之

義也象曰君子以虛受人此君子即指九五而言虛者無我無我則天下一家。

萬民一體以一念感通夫萬類以一心包育夫羣生上下相通君民合志謂之

天地感而萬物化生聖人感人心而天下和平觀其所感。而天地萬物之情可

見矣此即聖天子恭己南面無為而治之體也。

通觀全卦有心為感无心為咸咸皆也咸六爻皆應咸和通達物我皆藏自

然而然元氣渾合此兌悅艮止卦之所以名咸也咸主乎感感則必動而六爻

則以靜為吉以動為凶初爻居卦之下曰咸其拇拇足大指也其感尚淺其動

亦微故不係吉凶也二曰咸其腓腓為足肚則進於拇矣腓本不動足動而腓

隨之是動雖凶而腓尚居於吉也三曰咸其股股處下體之上三之象也較拇

與腓而尤進矣志在隨人所執亦賤故曰往吝四居三陽之中為心之位也。

有感觸皆從心發得貞則吉否則凶也五為卦主居兌之中脢在心上為背脊

肉是不動之處感而不感動而無動故曰无悔上六處全卦之上輔頰舌在美

身之上。其象取此。有感於心發而爲言是口說也。然不能至誠相格。而徒以美

言取悅。咸道薄矣。是以六爻之中所感各有淺深。而悔吝吉凶亦各隨其象而

著。惟君子能虛受人。虛則心公。公則入而無拒感。而即通其所翕受者宏矣。翕

受之道。取諸兌。專直之義。取諸艮。健而能止順而能悅悅以感陰。止以應陽。天

地無心而成化聖人無爲而成功。如斯而已矣。

大象曰。山上有澤咸君子以虛受人。

卦象爲山上有澤。是山氣下交。澤氣上交。得以上下相成也。天下至靜而虛者

莫如山。惟山以虛。翕受澤氣君子體此象以容人之善。故能溉其心於寂然不

動之時定其性於廓然大公之地。古來如舜之取人爲善。禹之拜昌言周公之

吐哺握髮。一皆虛己而受人者也。

（占）問戰征軍隊前進。防有坑陷。山谷間防有埋伏。固守城池。防敵兵潛通地道。

皆當謹愼。○問營商山澤爲生財之地即財源也以虛受人是以購入物產販

運轉售。必大獲利。○問功名。山上者高陞之象。山上有澤。澤者積水低窪之處。

有居高思危之意。唯宜虛己待人。功名可長保也。○問家宅。是宅必傍山臨水。

知其所止。吉。○問疾病。是虛弱之症。宜服滋補之劑。○問婚姻。卦爲山澤通氣。

主兩姓和好。大吉。○問訟事。兩造必是少年意氣相爭訟。宜和解而止爲善。○

問六甲。生男。○問失物。必墮入空洞有水之處。不能復得。

初六。咸其拇。

象傳曰。咸其拇。志在外也。

拇者足之大指。初居爻首。爲感之始。其感尙微。譬如足之有指。指即小動。未嘗

移步。以喻人心初感動而未動。始有其志而已。象曰志在外也。外謂九四以初

與四相應。故曰在外。志者心之所之也。謂第有其志。未嘗躁動。是以不言吉凶」

(占)問戰征。是兵雙初交之會。應在第四日。可以得勝。○問營商。必是初次貿易。

貨物已辦。尙未發行也。○問功名。必能一舉成名。有捷足先登之兆。○問家宅。

有遷居外地之意。○問疾病是足指初起一毒宜外用敷藥調治。○問婚姻初
六應在九四以艮男求婚於兌女也。為結褵之始吉。○問六甲生男是初胎也」
(占例)明治二十三年。占某貴顯運氣筮得咸之革。

爻辭曰初六咸其拇象曰咸其拇志在外也。

斷曰此為咸卦初爻。拇為足指是人身最小之體。其動與不動本不足關輕重
也。初爻應在九四。比近尊位。此占當以應爻屬貴顯。初爻則為來占之人也。
今初爻咸之初某貴顯自幕府至今備嘗困苦。今雖年老而志願猶奢。凡有指
畫咸皆悅從象曰志在外也。蓋在貴顯之志謂方今國家要務。專以外交為重
也。知貴顯老運未艾。

六二。咸其腓。凶。居吉。

象傳曰雖凶居吉。順不害也。

腓為脛腸或曰足肚。是無骨之處。蓋在拇之上股之下也。腓不能自動。隨足而

六九〇

動足動而凶則腓亦失其吉矣然動則為凶而靜居則吉故象傳曰雖凶居吉

順不害也以六二以陰居陰其性本靜能順其性而不動自可免害而獲吉也

（占）問戰征宜固守不動斯可免害○問營商不利坐賣○問功名只可

依人成事未能遠到○問疾病按腓病也必是四肢痿痺之症只可坐臥不能

步行也○問婚姻婚事既成恐有變動能以順自守雖凶終吉○問六甲生男

（占例）華族某君來謂余曰頃者知己某以數年刻苦新創一技特許專賣余因

貸之以資金但不知新創之技果得廣行否亦不知貸與之資金損益如何請

筮之筮得咸之大過

爻辭曰六二咸其腓凶居吉

斷曰咸者為山澤通氣之卦是二物相依互為用也某友發明一物藉君之資

金得以成業是某友與君實相依為用其事業之廣行也可必矣腓者足肚也

腓不自動隨足之動而動以喻資金之通用全藉貨物之販運而資金亦隨之

而運動也在此業新出未免一時販售有碍當居積以待自能獲利始雖凶而

終吉也。

九三。咸其股。執其隨。往吝。

象傳曰。咸其股。亦不處也。志在隨人所執下也。

此爻居下體之上。上體之下。爲股之象。股者隨上下而動。不能自主者也。九三以陽居陽。與上六之陰相應。舍上六而比初二。隨初二以爲動止。率此以往。其咎可知。三爲艮卦之主艮爲股。故曰股艮又爲執。故曰執。艮本止也。三以感而思動。又率初二。使之皆動。故曰執其隨。象傳曰。亦不處也。亦者。謂率拇腓而俱動也。志在隨人所執下也。隨上也。執下者。謂執初與二也。

〇占問戰征。宜退守。不宜往攻。〇問營商。凡商業合出資本。謂之股分。必舉一人以主其業。乃主業者。不能自主。而徒隨人以爲上下。其業必難獲利。〇問功名。隨聲附名。其品下矣。必難制勝。〇問家宅。宅近艮山。本可安處。占者不願處此。殆欲隨人他遷也。恐所往咎矣。〇問婚姻。咎在過聽執柯者之言。恐所適非偶。

○問六甲。生男。

（占例）友人某來。請占運氣。筮得咸之萃。

爻辭曰。九三。咸其股。執其隨往吝。

斷曰。卦體艮山兌澤。山得澤而生潤澤。得山而變源。是爲山澤通氣。陰陽相感。正元運旺相之象也。足下占得第三爻。三爻爲內卦之主。與上六相應。九三爲陽。上六爲陰。感而思動。故曰咸其股股屬下體。亦陰象也。卦本爲少男少女兩相愛悅。三爻志在隨人。率率其下而皆往則其溺情尤甚。各復何辭論現年運氣。未嘗不佳。乃因溺志色慾陽被陰累防致疾厄宜慎宜戒友人聽之始而如有所感。繼而溺情不悟以致終身落魄不偶哀哉。

九四。貞吉。悔亡。憧憧往來。朋從爾思。

象傳曰。貞吉悔亡。未感害也。憧憧往來。未光大也。

四當三陽之中居心之位。咸之主也。初之拇二之腓三之股五六之脢舌輔頰。

皆從心而發。故心不言咸以萬感皆由心而生也。夫心之本體本靈明不昧。寂

然不動。自有所感而心動焉。動則有悔欲其亡悔唯貞而已。貞者正也。正則吉

而悔亡。然人心不能無感而感亦不能皆正。不正則心受其害。而悔隨感生。何

以得吉。憧憧者急遽之狀。往來者忙促之形。憧憧往來甚言紛至疊來。私意錯

亂害累叢生。下之拇腓股上之脢舌輔亦皆紛紛而動但見其朋從耳則此

豈復有一息之泰定哉。象傳曰貞吉悔亡。未感害也。憧憧往來未光大也。謂貞則其心無私未感之

先心本洞然。故曰未感害也。憧憧往來未光大也謂物感迭來不能无思无欲。

故曰未光大也。

(占)問戰征軍中全以主帥爲心。當萬軍紛集以一帥鎮定之。斯令行禁止寂然

不動否則擾亂錯雜災害生焉。○問營商商務雖在謀利亦以得貞爲吉若見

利忘義則群焉爭奪。不奪不饜害有不可勝言者矣。○問功名四爻以陽居陽。

位近至尊功名顯達。其象貞吉。然得不以正。害即隨之。最宜謹愼。○問家宅其

宅必臨通衢往來之地。邪正雜處。交際最宜愼擇。○問疾病必是心神怔惚之

症宜靜養。○問婚姻防女家閨範不謹。○問六甲生女。

（占例）明治二十二年。某縉紳來。請占某貴顯運氣筮得咸之蹇。

爻辭曰。九四貞吉悔亡。憧憧往來朋從爾思。

斷曰。四爻以陽處陰。爲內卦之始。比近九五。是貴顯之象也。爲某貴顯占運氣。

筮得四爻。四當三陽之中。中居心位。心爲百體之主。心貞則百體皆貞猶言大

臣正躬率物。百僚皆從令爲。故曰貞吉悔亡。此固某貴顯之能事也。苟心有不

正。必致庶事叢脞。朋黨紛起。始則害在一身。終則害延一國。皆由一心之不正。

階之屬也。在某貴顯。秉心正直國而忘家。公而忘私能以天下爲己任古所稱

正一己以正天下者某貴顯有焉庶民所仰望者正未有艾也。

九五。咸其脢。无悔。

象傳曰。咸其脢。志末也。

按註云脢者心上口下。馬云脢背也。博雅脾謂之脢。即背脢也。心在前背在後。

增補高島易斷

是不動之處也。艮之象曰艮其背。知背爲艮之所止。爻辭曰咸其脢。殆即孟子

所云君子所性根於心盎於背施於四體四體不言而喻者。是也。五爻以陽剛

中正之德居君上之位。下應六二六二曰咸於腓腓爲足肚不能自動。五曰咸

於脢脢爲背脊。亦不能自動。故其咸也。若有不感而其動也。亦若有不動

而動不動而動。在脢亦不自知其動也。悔何有焉。傳曰志末。謂此乃不感而

感。感之至也。彼初之志在外三之志隨人皆有心而感者抑末矣。一說象傳志

末也者。謂尊居九五。當撫卹億兆之心志願斯爲大矣。若徒作自安之計。期免

目前之悔其志不亦微末乎。

(占)問戰征宜潛襲其後以攻敵背有勝無敗。○問營商象曰志末。末微小也。知

其商業不大。利亦微薄。○問功名背者敗北也。知所求未必成名。○問疾病台

背壽徵也。知病即愈无悔。且獲多壽。○問六甲生女。

(占例)明治二十一年。縉紳某來。請占某貴顯運氣筮得咸之小過。

爻辭曰。九五咸其脢。无悔。

斷曰。凡卦例以九五爲君位。然乾爲君爲父也。而臣子亦得占之。坤爲臣爲民。

而君父亦得占之。易道受通不拘一例也。咸卦艮山兌澤。二氣相感。是以天地

感而萬物化生。聖人感人心而天下和平。則知大臣當國。皆以至誠感孚夫上

下者也。今占某貴顯氣運。得第五爻。爻辭曰咸其脢。脢謂背脊處。前爲陽背爲

陰。心背之間。陰陽相感。亦痛癢相關。某貴顯念切民艱。自能痌瘝在抱。不容以

隔膜相視也。必无悔焉。至其後運定臻黃耇台背之壽。其福未可限量矣。象傳

曰志末也。謂目下志願猶未光大也。

上六。咸其輔頰舌。

象傳曰。咸其輔頰舌。滕口說也。

輔者頰之裏。頰者輔之表。舌在口中。舌動則輔頰隨之。此爻陰柔不中。居卦之

極。比近尊位。專以讒口惑君者也。是巧佞之小人爲聖人所深惡也。故不係凶

辭。而其凶自見矣。象傳曰滕口說也。滕謂張口騁辭。或曰虛也。謂無誠實。徒誇

虛說以誑世。咸道薄矣。

(占)問戰征。防有間諜窺探。○問營商。恐有口舌之禍。○問功名。可獻策陳言。當得召用。○問家宅。主人口不睦。口角起爭。○問疾病。囈語譫言。心魂不安。宜禱。○問婚姻。冰人之言。未可全信。○問六甲。生女。

(占例)明治二十五年。岩手縣眾議院議員佐藤昌藏氏來曰。今回地租修正之議與奧羽諸縣已編地租增加之部。然在我縣下。地質不饒。增加地租甚覺不當爲此。請占院議結果。筮得咸之遯。

爻辭曰。上六。咸其輔頰舌。

斷曰。兌爲口。輔頰舌。皆所以言。此即議院之證驗也。今占地租增加。而得咸之上六。咸者感也。凡有所議。必得上下直誠感通。其事可通行無阻。茲徒以空談相競而無實惠。其何能令民之遵從乎。

後佐藤氏來謝曰。易斷眞不虛也。

雷風恒

上經首乾而繼坤。坤即乾之配。下經首咸而繼恒。恒即咸之久。咸爲可大之業。

恒爲可久之德。可久配天。可大配地。故乾亦爲久。坤亦爲大。震男巽女。本從乾

坤而生。雷風即乾坤之噓氣也。乾坤不變。雷風亦不變。故雷風之卦曰恒。

恒。亨。无咎。利貞。利有攸往。

恒字从心从亙。訓常。古文作𢛳。易曰。恒。久也。凡事暫則塞者。久則通。通則无咎。

貞者。正也。咸爲夫婦。女結褵之始。男下於女。故取其吉。恒爲夫婦居室之常。女

下於男。故利其貞。巽柔而順順。故能貞。震剛而動。動故有往。貞者。女子之德也。

往者。男子之事也。正義曰。得其常道。何往不利。故曰利有攸往也。

象傳曰。恒。久也。剛上而柔下。雷風相與。巽而動。剛柔

恒

九

皆應恒。恒亨无咎利貞久於其道也。天地之道恒久
而不已也。利有攸往。終則有始也。日月得天而能久
照。四時變化而能久成聖人久於其道而天下化成。
觀其所恒。而天地萬物之情可見矣。

此卦上震下巽。巽爲風是剛上柔下也。震爲雷雷風相與。而爲恒。雷風者。即從
山澤而生氣。故卦次於咸。其爲氣也。通徹上下運行周徧化育萬物生生不息。
而變化有常其德亙古今而不易是即天地之道恒久而不已也。故名此卦曰
恒。恒者常也久也恒之爲道亨乃无咎亨通无咎乃得利貞夫恒有二有不易
之恒。有不已之恒利貞者。恒之不易也。利有攸往者。恒之不已也。合而言之常道
也亨者恒之用也貞者恒之體也。剛柔相應者恒之成德也。利有攸往者恒之
行事也。巽以貞終震以行始。大震入巽。故曰終則有始觀諸日月之得天久照。

聰諸四時之變化久成徵諸聖人之久道化成天道聖道之歷久不敝者莫非
此恒久之道也。

以此卦擬人事。震為長男巽為長女。變咸之二少為恒之二長。婚姻之禮。夫婦
之恒道也。貞者女子之德。往者丈夫之行。雷風相與者天地之運也。剛柔相應
者陰陽之機也。君子則之以保其恒以恒修身而身敎乃亨以恒齊家而家道
乃亨以恒治國而國運亦亨。所謂无往不利者此也。讀關雎之詩。文王之化行
於遠后妃之德修於內。其得恒之旨也。夫推之日月四時之久照久成。聖人之
久道化成。仰觀俯察。而恒之情可見矣。人事之通塞隆替不外是焉。
以此卦擬國家。上卦為政府。有雷屬之性。以振興庶政。下卦為人民有風動之
象。順從政府之命令也。恒卦震上巽下震為夫。巽為女。卦體本為夫婦。咸以少
為情。恒以長為禮。恒即恒其所謂感也。然家修即為廷獻。王化起於閨門齊家
治國。其道本一以貫王道必世而仁。聖功萬年無敵。是即聖人之久道化成也。
雷動風散可見恩威之並施也。剛上柔下可見寬猛之交濟也。和順取諸巽。振

作取諸震有爲有守。無意無荒內秉潔齊之志。外恊通變之宜。道以亨而无咎。

化以久而彌神終始如一。上下不疑。是久于其道也。而邦治有恒矣。曰月之久

照。四時之久成胥於此可見矣。

通觀全卦序卦傳曰夫婦之道。不可以不久也。故受之以恒。咸爲夫婦之始。恒

爲夫婦之常。所謂下經首咸恒。以夫婦之道配乾坤也。然恒一卦。唯五爻言夫

婦。餘爻皆歷言恒之不當。以爲垂戒。且六爻無一吉辭。即象辭。亦第云无咎。蓋

恒爲天地之常道。曰月久照。四時久成。不恒則變。恒則得其正。是以聖人曰。人

而无恒。不可以作巫醫。皆反言以警之。而於恒未嘗有贊詞也。象曰君子立不

易方。亦唯以守其恒而已。卦體六爻相應。剛柔二氣交相爲用。剛有剛

之道。柔有柔之道。恒之亨。而无咎。惟久於其道也。恒之反卦爲咸。故二卦爻象。

皆顛倒相因。恒初爻之深刻。即咸上之巧令也。恒二之悔亡。即咸五之无悔也。

恒三之承羞。即咸四之朋從也。恒四之非位。即咸三之隨人也。恒五之婦吉夫

凶。即咸五凶居吉也。恒上之大无功。即咸初之志在外也。故二卦同體而爻象

反復咸曰。聖人感動人心而天下和平。恒曰。聖人久於其道而天下化成。天地

萬物之情。皆可於此見之矣。

大象曰。雷風恒。君子以立不易方。

震雷動而在上。巽風入而在下。雷風二物。雖至動至變而無常。而究其極雷之
發聲不爽其候。風之噓物。各應其時。振古如斯。未嘗或失。故曰雷風恒。君子體
此象以應萬變。而道則不變。恒而已矣。立者確乎不拔。方者主一不遷。志有定
向。而持守彌堅。不為富貴淫。不為貧賤移。不為威武屈。特立无懼。此君子之所
以為君子者得恒道也。

（占）問戰征。雷出於地。風生於谷。防有敵兵埋伏。火砲攻擊之慮。宜堅守營壘不
可退。後可以轉敗為功。○問營商。震屬正東。巽屬東南。曰立不易方。言貿易不
可改易地方也。○問功名。震巽皆木。木植立不易。干霄直上。自得直達之象。但
宜久成。不宜躁進。○問家宅。此宅坐西北。朝東南為祖遺舊宅。是恒產。方間卽

恒

十一

地理高島易斷

不可移易。○問婚姻。男家長男。女家長女。二長相配。婚姻大利。可卜百年偕老。○問疾病。必是肝火上冲。痰火氣喘。須服前方。不必改易。○問六甲。生男。必是初胎。

象傳曰浚恒之凶。始求深也。

初六。浚恒。貞凶。无攸利。

浚深也。初爻當恒之始。以始求終。所當循序漸進。方能幾及所謂登高必自卑。行遠必自邇。由此以往。無不利也。若乃躐等以求。如撮土而期爲山勺水而欲成海。初基乍立。後效殊奢。事雖不失其正要。必難免於凶也。故曰浚恒貞凶象傳曰始求深也。始指初爻也。謂其未涉其淺。而遽求其深。是欲速而不達者也。非徒無益。反見其凶。譬如用智而失之鑿。求道而索之隱。皆浚恒者之過也。

（占）問戰征。宜步步爲營。切忌孤軍深入。深入必凶。○問營商。宜得利即售。不可墾斷居奇以貪高價。○問功名。宜安分守職。切勿梯寵希榮。徼倖圖功。恐反招

辱。○問婚姻。婚姻之道宜以門戶相當切勿慕富攀貴貪結高親反致後悔。往

往有之。○問家宅宅是新建惜乎過求華麗致難持久。○問訟事。恐一經涉訟。

歷久不了。○問六甲。初胎生女唯恐難育。

（占例）明治十五年七月朝鮮變起花房公使以下脫歸長崎同八月朝廷發陸

海軍。命花房公使。重至朝鮮使之問罪。余筮之得恆之大壯。

爻辭曰。初六浚恆貞凶无攸利。

觀初六爻辭。知朝鮮之漸進開化也。可知向來我政府之與朝鮮專主化導不

主攻伐也。此天下之所共信也。今番朝鮮雖失禮於我政府未嘗舉兵可謂能守

其恆道也。若政府乘一朝之怒。忘恆久之道責之過深。則是爻辭所云浚恆貞

凶无攸利正當為政府慮矣。問政府今用問罪之舉不在深求而在和解則其

事可諧。即或一時未諧恆之初爻。變為大壯。則以大壯之軍備壓制而已。其筴

則分我軍為六。留其四於馬關以其二為朝鮮開化黨之聲援如此而猶有不

及可使一軍自元山津而衝其背可使開化黨維持朝鮮也。是天數之理也。筮

恆

十二

畢。呈之某貴顯。貴顯又使人更問曰。朝鮮之事。雖不足憂。清國之關係實大也。

子幸占我國與清國關係。余復筮之得艮之不變。

斷曰民者兩山相對之卦。兩山相對。可見而不可近也。又不可相應也。於不近

不應之卦。其無戰爭。斷可知也。其後朝鮮之事果如此占。

九二。悔亡。

象傳曰。九二悔亡。能久中也。

二爻以陽居陰。是失位也。失位故有悔。然二處巽之中。爲巽之主。上與六五陰

陽相應。以剛中之德輔柔中之君。道既得中。又能持久。故曰悔亡。象傳曰能久

中也。謂可久之道。不外乎中能久於其道。必能久於其中也。二爻能之。悔自亡

矣。

(占)問戰征。營位失當。恐有後悔。唯宜居中不動。持久固守。可免禍也。○問營商。

貨物不得消路。致有耗敗。宜歷久待價。可得反本。○問功名失其機會。反招災

害。待時而往。雖不成名。亦无尤也。○問家宅。此宅地位不當居者不利。十年之

後。宅運可轉。方得无咎。○問婚姻。平平。○問六甲生女。

（占例）某會社社長。來請占社運。筮得恒之小過。

爻辭曰。九二。悔亡。

斷曰此卦以雷風相與剛柔皆應是會社之象也卦名曰恒業必以久而成也。

今占得第二爻。二爻以陽居陰。未免位置不當事有窒碍足下躬膺社長當以

中正處之。保其恒久守巽之貞法震之往。歷久不倦。而推行盡利其道乃亨。何

悔之有。

社長聞之曰該社自開業以來。多不能如意今得此占自當恒久不已以圖遠

大之業後此會社果得盛大。

○明治二十六年二月。北海道炭鑛鐵道會社支配人植村登三郎來曰。余從

事社務有年。事務多端深恐力窮才微不勝其任思欲改就官職。猶豫未決。幸

請一筮。筮得恒之小過。

爻辭曰。九二悔亡。

斷曰。巽下震上。巽爲薪。有煤炭之象。巽又爲商。爲利。有會社之象。震爲行。爲奔。有鐵道之象。今占得第二爻。九二坎爻。辰在子上。值虛。虛爲北方列宿之中。故會社在北海道。二爻以陽居陰。爲失位。故有悔。然足下既從事社務。必深識其中之利益久于其道。自然精明練達能振興其業也。後植村氏得此占益加勉勵。不數月。至占重任。

九三。不恒其德。或承之羞。貞吝。

象傳曰。不恒其德。无所容也。

九三處巽之極巽爲進退。爲不果。不恒其德之象。羞者恥也。九三以陽居陽。其位雖正。因其執心不定。德性无恒。而錯誤隨之。或者將然之辭。謂雖未明見其羞。而羞或承之矣。雖貞亦吝吝。謂可鄙也。象傳曰。无所容也。大節一虧。無所逃於天地之間蓋深斥之也。

（占）問戰征。軍事貴勇往。果決得以制勝。異為不果。必多畏却。賊進退无恒。勢將

辱國傷師。咎何能辭。○問營商爻辭曰不恒其德。是必商無恒業也。何貸獲利。

○問功名。二三其德。業必不就。名何由成。○問家宅。三爻居與二爻居異。墨變震

震為大塗。此宅必近大道之傍。其宅不利久居。○問婚姻。姻事不終。恐貽羞辱。

○問六甲生女。

（占例）一日某貴顯來訪謂余曰有同僚某。因貸債。請余援助長官某。亦代為說

合。予諾之。爾後至期。彼竟無力得償。致請占其得失。筮得恒之解。

爻辭曰九三。不恒其德。或承之羞貞吝。

斷曰。此卦恒久而不已。是其貸與。永不返還可知。其辭曰不恒其德。謂彼窮迫

如此。勢必二三其德。不能恒守此約信也。或承之羞。謂君若盛氣責忿。彼必曲

言不遜。反受羞辱也。後果如此占。

○明治二十八年占清國國運。筮得恒之解。

爻辭曰九三。不恒其德。或承之羞貞吝。

斷曰恒者。久也。溯我國與外國交際。唯清國最舊。是恒之象也。兩國並立亞細

亞輔車相依。同文之國尤最親密。近年歐美各邦文明開化日新一日。我國有

所見於此。是以取彼之長。補我之短。乃遣少年子弟留學歐西。又聘西國教師。

使之教我子弟。在清國墨守舊習。自示尊大。不能達觀宇內大勢。朝鮮介我兩

國之間。我與清國商議謀欲互為保護清國有疑於我。終至兵陣相見。今占得

三爻。爻辭曰不恒其德。或承之羞。貞吝。巽為進退。謂清國進退无恒二三其德。

勢必取辱也。

九四。田无禽。

象傳曰。久非其位。安得禽也。

禽者。鳥獸之總名。震為獵夫。巽為禽。九四處震之初。已出於巽。是震之獵夫前

進巽之禽。後退以此而田必無獲也。故曰田无禽。以喻失民心也。夫所貴于恒

之道者。德稱其位。才勝其任。事上而有所建明。治下而有所康濟。積日累久。則

其所裨益必多。九四以陽居陽與初六相應。初六浚恒既无攸利无利者。亦即

无咎之謂也。象傳曰。久非其位。安得禽也。大凡所處非其地所乘非其時所爲

非其方所交非其人皆久而無功也。田之於禽其得失最著者也故以之爲象」

（占）問戰征立營不得其位必致師老無功。○問營商凡貨物消售各有其地如

求木於漁問魚於樵雖久於其業必无獲也。○問功名如不入場屋廟望爲科。

不登廊廟而求顯官居非其位雖久无獲也。○問家宅此宅方位不利不可久

居宜急遷移。○問婚姻兩姓配偶不合。○問六甲生男恐難養育。

（占例）明治二十三年某縉紳來請占某貴顯運氣筮得恒之升。

爻辭曰九四田无禽。

斷曰就卦論卦直言不諱望勿見責今君爲某貴顯占氣運得恒之圖爻酉爻

以陽居陰居不當位爻辭曰田无禽猶言謀而无功也。知某貴顯雖久處高位。

目下時運已退才力亦衰凡所作爲多无成效自宜退隱毋貽竊位之譏也。

六五。恒其德。貞。婦人吉夫子凶。

象傳曰。婦人貞吉從一而終也。夫子制義。從婦凶也。

六五居得尊位。為恒之主。下與九二相應。九二居巽。巽為婦六五居震。震為夫。

六五專守九二之應。貞一其德。貞則貞矣。為婦則吉。為夫凶也。不知五為震主。

震為行丈夫之志當以義制事。推行盡利以乖久之業。若第以從一為正是姜

婦之道也。孟子所謂賤丈夫者是也。象傳曰從一而終也謂婦人之德惟宜從一。

故曰貞吉。夫子制義謂丈夫之行。惟宜審義義則不害於貞貞則或傷其義。故

曰從婦凶也。象傳所云利貞者指婦人也。利有攸往者指丈夫也。知夫此而恒

之道得矣。

（占）問戰征。古稱軍中有婦女。士氣不揚。項羽之敗。未始非虞姬累之也。行軍宜

凜之。○問營商。商業宜隨時變通若拘泥執一。婦孺貪小之見必无大利也。○

問功名。丈夫志在四方。前程遠大。若徒貪戀閨房傷身敗名凶莫大焉。○問家

宅。古云牝雞司晨惟家之索是當深戒。○問婚姻。女家占此則壽。男家占此則

凶。○問六甲。生男。

（占例）豪商某來。請占氣運。筮得恒之大過。

爻辭曰。六五。恒其德貞。婦人吉夫子凶。

斷曰。足下久營商業。精明強幹。余所素知。今占氣運。得恒之五爻。五爲震之主

爻。震爲從。故象曰從婦凶。夫女子小人皆屬陰象。商業之推行。權宜自主。不可

聽從人言。治家之道亦不可偏聽婦言爻象之辭。垂誡深矣足下宜懍之勿懈

上六振恒凶。

象傳曰振恒在上。大无功也。

震動也。故恒至於上。有振動之象焉。上六處震之終。爲動之極。動者宜守之以

靜。終者宜返之以始。斯德可全於末路業不敗於垂成恒道成矣今上六處恒

之極而振動不已。以振爲恒。恒有盡而振無盡。是以凶也。震爲決躁巽亦爲躁

卦。躁動無時。猶是雷發而不收。風行而不止。其何能有功哉。故象傳曰大无功

也。

（占）問戰征。上爲主帥行軍之道。全在鎭定若妄動喜功。必无成也。○問營商。上爲一卦之歸宿。是商業歸結之時也。當歸結而不歸。收發無時。終无結局也。○問功名。上處卦之終。功名已盡。若復痴心妄求。不特无成。恐反致禍。○問家宅。此宅已舊。不必改作改作必凶。○問婚姻。必是晚年續娶也。無須再娶。娶則必凶。○問訟事。急宜罷訟。○問失物不得。

（占例）某商人來請占氣運筮得恒之鼎。

爻辭曰上六振恒凶。

斷曰。凡占卦遇上爻。上爲卦之終局。必其人好運已終。只宜靜守而已。今恒之上六。振恒以振爲恒。是卦已終。而動未終。故曰凶也。足下占得此爻。當守靜以制動。斯可无咎。

天山遯

序卦傳曰恒者久也。物不可以久居其所。故受之以遯。遯退也。卦體上乾下艮。四陽在上。二陰漸進。自姤一陰。至二而長。陰長陽退。卦以遯名。謂陽避陰而遯也。遯字從豚。從走。豕見人而逸。故遯。取豚以象退。乾爲天。亦爲遠有遠遯之義也。艮爲山。亦爲居有遯居之象也。故曰天山遯。

遯。亨。小利貞。

遯。陰長之卦。小人方進。君子道消。邪正不同居。陰陽不兩立。君子當此。若不隱遯。必受其害。當遯而遯。遯而後通。故曰遯亨。小利貞者。小指二陰而言也。謂陰道始長。陽道猶未全消。故曰小利貞。

象傳曰。遯。亨。遯而亨也。剛當位而應。與時行也。小利貞。浸而長也。遯之時義大矣哉。

按遯本作遁。書微子我不顧行遯。遯隱也。後漢郅惲傳。南遯蒼梧。遯逃也。賈誼

過秦論。遁巡不敢進。遯又與逡同。要皆不外退避之義也。遯而亨者。亨通也。君

子不敢與時違時當其遯。不遯不通。遯乃亨也。剛當位者指九五也。五與二為

正應。凡二五皆相與之有成惟遯二五相應。而實相迫二居內卦。陰勢漸長。五

居外卦。陽勢漸消此長彼消迫之使退二陰之長。亦非二陰為之。時為之也。君

子審其時之當然。而與時皆行。遯而去之。身遯而道亨也。貞正也。利貞利於正

也。二陰尚小。未至橫行。猶利於正。故曰小利貞。遯通臨臨。二陽四陰曰剛浸而

長。遯曰浸而長。易道扶陽抑陰。陰惡其長。故不曰柔。蓋浸而長者二也。遯而亨

者五也。當二方長。五即思遯。識時審幾。遯得其道。所謂君子遠小人。不惡而嚴。

遯應夫時。亦遯合夫義。故曰遯之時義大矣哉。

以此卦擬人事。遯二陰生於乾下。陰息之卦。否為極觀剝過中。遯浸而長以人

事言妊以一陰稱壯遯二陰得坤之半將進壯而為老矣譬如物候雖未大寒。

當退而授衣譬如年穀雖未大荒當退而謀食譬如疾病雖未大劇當退而求

艾以浸長而預退退乃能通及其既盛退已晚也蓋退者五而所以逼之使退

者二二雖應五而實消五二息五消五當時運之衰即為人事之窮人事當此

唯有順時而行退而避二斯五不至終窮以期後日之補救而待陽之來復反

剝為夬反觀為大壯反否為泰未始非人事之調護得以轉環之也是處遯之

得其道也遯之一卦蓋有先見之幾焉。

以此卦擬國家謂當國運當漸否如太王之避狄遷岐句踐之屈身事吳是也。

太王居岐後至與周句踐事吳後得興越即遯而亨之義也遯之卦二陰居內。

四陽居外二為內卦之主五為外卦之主陰內陽外是內小人而外君子居內

陽之消長國運之盛衰係焉時當陰長小人漸得其勢君子漸失其位君子處

此當見幾而作引身遠退明哲保身是道也若戀戀不退極之小人權勢日

盛朋黨既成輕則貶謫重則誅戮于此而欲謀遯已不及矣孔子之可以止則

止可以去可去。此聖之所以爲時也。與時皆行爲國家留有用之身即爲國家

謀重與之會遯而後亨其身遯其道亨也固非孤高忘世者所可同日語哉。

通觀此卦以陰陽不能偏無所惡於陰者爲其浸長而消陽耳人或視陰爲柔

弱易制不知純乾之陽二陰漸積可以消之使盡所當於陰之始長而遯而遠

之。使不授陰以可消之權而陽乃得以復亨。故曰遯亨。遯而亨也。象曰君子遠

小人不惡而嚴。蓋不與之比。亦不與之爭。決然遠遯。遯之得其正焉矣。合上下

二卦觀之。上卦乾健有斷然舍去之象。下卦艮止。有依戀執留之意。故下卦不

如上卦之吉。遯不嫌遠愈上愈吉就六爻分觀之。初爻遯而露其尾。非眞遯者

也。二爻言執不言遯不欲遯者也。三爻遯而有所係。將遯而未決者也。四爻曰

好遯。是能不阿所好。超然遠遯者也。五曰嘉遯。是能以貞自守遯得其吉者也。

上曰肥遯。是能明以審幾。飛遯離俗者也。然易不可執一論。用之則行舍之則

藏。惟識其時而已。故遯者君子見幾之智也。曰君子曰小人。示其大體而已。

大象曰。天下有山。遯。君子以遠小人。不惡而嚴。

天下有山遯。天之與山相去遼遠不可幾及。是天遠山非山遠天。在山亦不能

恕天之遠也。君子則之以遠小人不必顯出惡言。亦未嘗始示和氣。但望之而

自覺可畏。即之儼然難犯。使小人不遠而自遠也。不惡而嚴。斯爲待小人之善

法也。

（占）問戰征防前進。有山山間有敵兵埋伏致遭敗北。○問營商恐一時物價漲

落不同。相去甚遠。○問功名宜退隱。不宜進見君子吉。小人否。○問家宅。此宅

近山前面空濶遼遠防有陰崇。○問疾病病有鬼祟。宜敬而遠之。以避居爲吉。

○問婚姻二五陰陽本屬相應。但邪正不同。以謝絕之爲吉。○問六甲。生女。

象傳曰遯尾之厲。不往何災也。

初六。遯尾厲。勿用有攸往。

初爻居艮之始。艮爲穴居。又爲尾故曰遯尾。賢者避地。入山唯恐不深。入林唯

恐不密。不欲使人尾其後也。若乃遯而不藏其尾。非真遯也。是殆借名山爲捷

徑。欲藉遯以為攸往計耳。古今來高隱不終。不特為猿鶴貽笑。而功猶未成。失

即隨之。其危厲皆自取之耳。故戒之曰勿用有攸往。謂其宜遯而不宜往也。象

傳曰不往何災。蓋往則災來。不往則无災。反言之以阻其往也。

(占)問戰征。為伏兵言也。埋伏宜深藏不露。使敵不得窺其跡。若藏頭露尾。必致

危厲。不如不往也。○問營商銷賣貨物宜趕快不宜落後。幷宜首尾一併賣訖。

斯可免災。○問功名龍門燒尾吉。○問家宅宜速遷移。落後有災。○問婚姻。遯

者避而遠之之謂。婚姻不合。○問六甲生女。

(占例)友人某來請占氣運筮得遯之同人。

爻辭曰。初六。遯尾厲。勿用有攸往。

斷曰遯卦四陽在外。二陰在內。在外者陽浸而消。在內者陰浸而長。運以得陽

為佳陽消陰長。是好運已退也。今占得遯初爻。初爻以(陽居)陰爻辭曰遯尾厲。

勿用有攸往。謂好運既退。第留此尾末而已。故厲戒曰勿用是宜退守。毋前往

也。運以五年為一度。至上六則无不利矣。

象傳曰。執用黃牛固志也。

執之莫之兩之字。皆指遯者言。黃中央之正色。牛性柔順。革性堅。艮民爲皮。故
日革。艮爲手。故曰執。二得坤氣。坤爲黃牛。故曰黃牛。二居內爻爲成卦之主。上
應九五陰長陽消。應五而實消五。五即因之。而遯諸爻亦相隨遯去。二爻欲執
而留之。如白駒之詩所詠執之維之者是也。執用黃牛之革以擬其執留之堅。
而莫之遯爲勝者。塅也。說者解脫也。莫之勝說使之不可逃脫也。諸爻皆言遯。
二爻獨不言遯。遯者諸爻。而趣之使遯者二也。二既趣之使遯。而復欲假意
以執之。不令其遯。是小人牢籠之計也。象傳曰固志五之志。二五之志。
本不同。二欲藉嘉會之禮。以籠絡五之志。使之不遯固志者固五之志也。
　(占)問戰征。當諸軍逃散之際。獨能堅執固守。爲可嘉也。○問營商。因一時貨價
逐漲執守來本。莫能脫售。○問功名。席珍待聘。美玉待沽。功名之兆也。莫之勝

說功名難望矣。○問家宅。此宅陰氣漸盛居者不利。需思遷移。即欲脫售一時

亦難。○問婚姻。此婚已成。後欲退悔。執柯者甚屬爲難。○問六甲。生女。

（占例）友人某。來請占氣運。筮得遯之姤。

爻辭曰。六二。執之用黃牛之革。莫之勝說。

斷曰。此卦二陰浸長。四陽浸衰。陰者小人陽者君子小人日進君子日退。故謂

之遯以氣運言之。正是運退之時也。黃牛之革。物之又靱。以此繫物物莫

能脫譬言人生爲運所縛。雖有志願。終生細縛不克施展。今占二爻。其象如此。

運可知矣。

○明治二十九年。占皇國氣運。筮得遯之姤。

爻辭曰。六二。執之用黃牛之革。莫之勝說。

斷曰。此卦四陽爲二陰所侵。論人事則我爲彼所侵。於國亦然。自我國勝清之

後。講和修好。俄德法三國以亞細亞之平和爲口實。使我還付遼東。加之俄法

爲清國償金斡旋之局。俄清之交情一變。清從俄言。將有事於東洋。清又將依

俄之力。而勗雪耻之念。方今歐洲諸強國。皆唯競利自圖約束清國譬如用黃
牛之革。繫縛其手足。使之莫能解說。幾欲瓜分之以爲快。而於我國亦未嘗不
欲以此相縛縛。我唯固守其志。內修軍備外善辭令以敦邦交。而不受此籠絡也。
爲得計耳。

九三。係遯。有疾厲。畜臣妾吉。

象傳曰。係遯之厲。有疾憊也。畜臣妾吉。不可大事也。

係者。羈絆之義。三以陽剛居內卦之上。與二陰陽相親比爲二所羈縻不忍超
然遠引欲遯。而志不決。故曰係遯。凡當遯則遯貴速而遠。一有所係。則憂愁莫
定。宛如疾痛之在身。危厲之在道也。故曰有疾厲。蓋係者三係於二。二陰爲之主。畜
者二畜于三。陽爲之主以陰係陽則屬以陽畜陰則吉臣妾者陰象三陽在二。
陰之上。故能畜。君子之於臣妾畜之以供使令進退無足關重輕也。是以係遯
不失爲吉至若當大事必致因循而坐誤也。象傳曰有疾憊也。憊謂力竭而敝

增補高島易斷

憊也。不可大事也。大事者指上一生大節而言。不可或忽也。

（占）問戰征軍陣進退。皆有紀律。鼓進金退。最要便捷。一有遲誤。必致大敗也。宜慎。○問營商貨物當脫售之時。不宜躊躇不決。或係戀私情。防誤大事。○問功名。時當奸人秉政。宜急流勇退。斯無疾害。○問家宅。此宅不利。主多病厄。宜速遷移。若遲延不去。恐有大禍。○問婚姻。娶嫡不利。娶妾則吉。○問六甲。生女。

（占例）友人某來。請占商業之盛衰筮得遯之否。

爻辭曰。九三。係遯有疾。厲。畜臣妾吉。

斷曰。三爻以陽居陽。留戀二陰。欲遯不決。致有疾厲。今足下占問商業得此三爻。知爲商業失敗之象。宜速脫貨則損失猶微。若惜金而躊躇。則品物之價。日益低落。其所損更大也。謂之係遯有疾。畜臣妾吉者。謂葆此餘資以畜養家人可也。若欲重興商業則不可也。

九四。好遯。君子吉。小人否。

象傳曰。君子好遯。小人否也。

四與初相應。相應必相好。乃初與四好。而四不好。初。且四因初之好。而決意遠

遯。故曰好遯。然在初之好四。亦非直好。不過欲借四以為畫。是引用君子之意。

若新莽之禮賢下士是也。四則有見於此。不為初所籠絡。而超然遠引。謂爾雖

好我。我不爾我。爾不我遯。我則自遯。我行我志而已。四入乾。乾為君子。故曰君

子吉在初之厚貌深情以為四必感戀情好不意室邇人遠。一去千里。竟有不

可縶維者。初處艮。艮為小子。故曰小人否。一說好遯者謂有所好而遯也。猶論

語從吾所好之好。世人所好。在富貴功名君子所好。在樂天知命。此謂好遯。亦

通。

（占）問戰征。四處乾之始。乾為健。知進不知退。或軍中有一人謀陷。故作退計以

避之退亦吉也。○問營商。商家以賣入為進買出為退。四曰好遯。知以出貨為

得利也。○問功名爻辭好遯。是其人必無意於功名也。然名亦不同。或盜虛名

於一時。或乘大業於千秋君子小人所由分也。占者宜自審焉。○問疾病四乾

體爻曰好遯陽遯而入陰其病危矣。然轉危爲安亦遯之象想大人可治小人

難也。○問婚姻防後有離婚之憂。○問訟事俗云三十六着走爲上着好遯之

謂也。○問六甲。生男。

(占例)親交某來請占氣運筮得遯之漸。

爻辭曰。九四好遯君子吉小人否。

斷曰。四居乾陽之首乾曰見不日隱。乃四爲二陰所逼超然遠遯是遯而避害

也。今足下占得第四爻足下躬膺職位亦知僚屬中邪正不一或外面情好敦

篤。其中奸計百出不可不防。足下知其然不露聲色。決意引退。是明哲保身之

要道也。爻辭曰。九四好遯君子吉小人否。謂君子飛遯離俗則吉小人溺情爵

祿則否矣。爻象如是足下其審之。

後某果因官制改革有非職之命。

○一日杉浦重剛氏來曰方今爲千島艦事以上海英國上等裁判所判決爲

不當。將再向英國理論。其結局果否。如何。請筮之。筮得遯之旅。

爻辭曰。九四好遯。君子吉小人否。

斷曰。此卦陰長陽消爲邪彊正弱之象。正者必反而受屈卦象如是。余占牙島

艦判審事得遯四爻。遯卦二陰在外卦。而逼也。至四爻則陰勢已盛陽氣殆盡。

在外面雖假作情好。而內心實陰險莫測核之千島艦之事。情形符合。我國因

千島艦失事。據萬國公法。向彼理論迭經審問。終不得直。蓋現今天下大勢遞

強弱不惟曲直。亦事之無可如何者矣。爻辭曰好遯。是敎我以退避也。卽得退

遯了事而已。

九五。嘉遯貞吉。

象傳曰。嘉遯貞吉。以正志也。

（五以陽居陽剛健中正。雖與六二相應。能知時審勢應變職幾。超然遠遯。實遯

也。不爲情移。不爲勢屈慮決而志正。夠有嘉美矣。故翫嘉遯貞吉。象傳曰以正

志也。謂九五遯得其正。即可以正二之志。是不惡而嚴也。

（占）問戰征。正當敵勢強盛。能以潛遯而返。得保全師。亦可嘉也。○問營商貨到

該處時價不合。而轉別地得以獲利。可謂應變而不失其正也。故吉。○問功名。

爻以九五爲尊。占得九五。是必功名顯達。位近台輔伊尹曰臣岡以寵利居成

功。謂能以功成身退者也。故吉。○問家宅。此宅必是南陽諸葛之廬。栗里陶令

之宅也。高風可尚○問婚姻。二五本陰陽相應。有意議婚。五以其志不同。不允。

另就他聘吉。○問疾病。是陰邪糾纏之症。潛而遯避可獲吉。○問六甲。生男。

（占例）予親友。永井泰次郎。其妻有娠。張筵招予。請卜男女。筮得遯之旅。

爻辭曰九五。嘉遯貞吉。

斷曰。九五乾卦以陽居陽。生男之兆也。乾爲父。艮爲少男他年少男嗣父而續

家老父讓產而隱居。故名此卦曰遯。且其辭曰嘉遯。貞吉。是有子克家之象。其

後果生男子。

上九。肥遯无不利。

象傳曰肥遯无不利无所疑也。

肥者饒裕也卦中諸爻欲遯而多所係累此爻獨無應無比故無係累不復勞

顧忌飄然遠引所謂進退綽有餘裕者也故曰肥遯无不利无所疑也。

謂上爻居乾陽之首其察勢也明其見幾也決首先高遯絕无世塵之疑礙也。

或謂嘉遯如殷微子如漢張良肥遯如泰伯伯夷或又如漢之商山四皓也。

（占）問戰征戰事宜進不宜遯遯必不利爻曰肥遯无不利其唯太王遯狄避岐

乎。○問營商商人謀利往往羣焉競逐今獨能太取我棄以退爲進則其退厲

得厚利故爻曰肥遯无不利。○問功名其人必不以高粱肥曰能遯道義肥躬故曰肥

遯无不利。○問家宅此宅地位甚高家道亦富但利於求財不利於求名。○問

疾病肥人氣虛遯者脫也恐致虛脫。○問婚姻恐女子貪戀富室予弟因而私

奔。○問六甲生男。

（占例）明治十八年三月以中央亞細亞阿富汗境界事生英獅露鶯之葛藤凡

新聞電信所報論和論戰主露主英諸說紛紛各國皆有戒意即如我國利害

所關。亦非淺鮮。因占其和戰如何。筮得遯之咸

明治十八年
五月八日

爻辭曰上九肥遯。无不利。

斷曰內卦爲山。屬英。外卦爲天。屬露。山艮而止。今觀英國所爲。雖頻修戰備不

過虛張聲勢。其實無意於戰也。何者。英之海軍雖強。至如阿富汗中央亞細亞

地方。不能專用海軍若陸軍在英兵數不多。僅足護國而已。且蘇丹之役已分

遣陸兵不少。他如印度兵雖派遣於阿富汗高寒之地不能盡得其力。加之印

度。各分宗教。兵士各守其宗規。糧食亦不足。即驅而用之。豈能當強露乎。故欲

戰不得不用海軍。用海軍之處。有關通商航海之障礙。可以牽動各國。即可以

壓制露國。在英國無心開戰。可於艮止而得其象也。天乾而健。今觀露國所爲。

露國遵奉彼得帝遺訓。知進而不知退。意在鯨吞各國。以爲快。可見露國有意

開戰。合內外卦則爲遯。是遯爲英國之氣運。遯反卦爲大壯。是爲露國之氣運。

在英之對露。唯有嚴其守備。使露無隙可乘。即可斷英露交涉之結果也。

雷天大壯

序卦傳曰。物不可以終遯。故受之以大壯。遯者陽之退。大壯者陽之進。无往不復。大壯所以繼遯也。卦體乾下震上乾剛在下。加以震陽在上。乘健而動。動而愈剛。壯往之勢進而不止。既壯又大。是四陽之過也。故卦曰大壯。

大壯利貞。

陽爲大陽長至四。堅實而壯。故曰大壯。三陽爲泰至四而稱壯。壯而曰大壯之過也。乾曰元亨利貞。震曰亨。大壯不曰元亨。獨曰利貞。而六爻又多戒辭。恐其失正而動。動必得咎。是知大壯非易之所貴也。

象傳曰。大壯。大者壯也。剛以動。故壯。大壯利貞。大者正也。正大而天地之情可見矣。

此卦下乾上震震者雷也乾者天也乾在下為剛震在上為動剛而動動得其

剛則剛而愈動壯盛之勢莫之能過此壯之所以曰大也夫大莫大於天地天

地之動得其正則四時行焉百物生焉其大也即其正也故大壯必曰利貞貞

者正也大壯利貞大者正也大而正則其壯也配義與道可充塞于天地之間

而天地之情即於此可見矣

以此卦擬人事為其人生性本剛而復遏其發動之氣乘剛而動邁往直前非

不足以有為也然過剛則折過勇則蹶敗事之咎即在此大壯中也雜卦傳曰

大壯則止其以此也大壯首曰利貞利貞者利於貞貞即謂正所謂大者正也

卦體震上乾下乾本健行至上九陽極則六是以有悔震主震動而爻象皆言

恐懼可知易道惡其過剛越禮違謙往必不利故君子戒之以勿履惕之曰用

罔故以柔濟剛以靜定動則動如無動而剛若不剛則見壯即見正也孟子所

謂至大至剛之氣其在斯乎

以此卦擬國家為國運壯盛之時也上卦曰遯四陽在上二陰浸長此卦反之

四陽在下二陰浸消陽長陰消乘剛而動。故曰大壯。大者壯也。是君子曰進小

人曰退。國運全盛正在此時。然國運過盛則侈。卦象過壯則暴。侈與暴皆失其

正。故大壯必曰利貞。貞之為言正也。非正無以成其大也。大而正。斯剛不過剛。

動無過動。是以正而用壯。大者壯即大。象所云君子非禮弗履。禮即正。

非禮即非正。君子亦用其正而已。夫子所謂政者正也。正則行。不正則不從。垔

戒深矣。故六爻多戒用壯。初懲以凶。三戒以屬。五敕以易。上惕以艱。惟二四兩

爻得其貞吉。蓋易道惡其太過。以得中為吉。治道亦然。此王者所以貴持盈而

保泰也。

通觀此卦卦體乾下震上。卦象內剛外動。乘此陽之正壯以逼陰之將夬。疑若

易易然。陰方得位。未可遽逼。剛不可躁進。故君子必以禮為履也。大壯

反卦為遯。遯遯退也。二陰方進其退不不決。大壯進也。二陰未退其進不可太

猛。雜卦傳曰大壯則止。遯則退也。其卦義相反如此。而爻象亦皆先後互反以

上卦震體雖同。下卦一巽一離。乾健也。巽順也。故進退不同。陰進則陽退。陰退

則陽進。此大壯所以繼遯也。六爻分屬二卦。內三乾體。外三震體。以二五爲得

中。初爻爲乾之始。一往直前知進而不知退。故凶。二爻爲乾之主。喜得其中。而

尤不失其正。故吉。三爻居乾之終。小人指初君子指二罔謂法網即君子懷刑

之意。蓋合初與二分言以明之也。四出乾入震爲壯之主。以陽處陰動不違謙。

故得吉而悔亡。五爻居震之中。能於平易之時柔而得中不用其壯。故无悔上

居震之極進退維谷何利之有能凜之以艱則吉總之持盈保泰壯乃得吉

越禮違謙壯必有悔是必如三之用罔而不用壯斯爲處壯之要道也。玩易者

其審之。余讀大壯一卦而有慨夫維新先後之義士也。當幕政初衰妄施議論。

不知忌諱即所謂初之壯趾凶也。著書立說有主尊攘以興起天下之大義者。

如二之得中貞吉也。方其列藩應義羣材奮興或躁或緩邪正不一禍福攸分。

如三所謂用壯用罔之不同是也。或有憤禮守謙不失其壯。能以尚往得吉者。

如四之決藩不羸是也。或有居易預防不涉險難以退爲進而无悔者。如五之

喪羊于易是也。至若方今當路大臣。皆出是昔年創義藩士。歷盡艱危。而得際

其盛者。如上六之艱則吉者是也。要之。廢藩諸士忠肝義膽國而忘身。均可嘉
尚其間成敗禍福。亦各自取用壯用罔寶足為前事之鑑也夫。

大象曰。雷在天上。大壯君子以非禮勿履。

大象震雷發於乾天勢力強壯。故名曰大壯。夫隨復豫大壯。四卦皆得震體。故
皆取象於雷。隨雷入澤中陽勢漸收。是謂秋雷復雷入地中。陽勢已微。是謂冬
雷。豫雷出地奮陽勢方盛。是謂春雷。大壯曰雷在天上。陽勢健盛。是謂當令之
夏雷也。君子則之。謂雷之發聲。必以其時。不時則為災。君子之踐履。必由於禮。
非禮則有悔。乾為行。震為足。有履之象。乾之象曰君子自強不息。震之象曰君
子恐懼修省。合而言之。君子因欲自強唯以非禮而履者。為可懼耳。即夫子所
謂非禮勿視。非禮勿聽。非禮勿言。非禮勿動之旨也。

（占）問戰征。軍盛強盛。有疾雷不及掩耳之勢。但兵驕必敗。所當深戒。〇問營商。
雷在天不上。是貨價高叶之象。得價而售不可過貪。〇問功名雷聲遠震必得應

大壯

二十七

名。○問家宅防有火災。宜禱。○問疾病震爲雷。亦爲足。防有足疾。不能行也。○

問婚姻震爲乾之長子。巽爲坤之長女。是天合也。吉。○問失物雷一過而無形。

恐此物不能復得。○問六甲生男。

初九壯于趾征凶有孚。

象傳曰。壯于趾。其孚窮也。

初居大壯之始。在下卦之下。在下而動。故曰壯于趾。震爲征。故曰征邁征而往。

有急起直追之勢。無視履考祥之念。是以凶也。故曰征凶有孚。象傳曰其孚窮

也。謂初雖與四應。初既窮其所往。四又隔遠無能爲力也。故曰其孚窮也。

（占）問戰征壯趾征凶爲孤軍深入者戒也。有勇無謀。是以凶也。○問營商貨財

販運有不脛而走不翼而飛之妙。然不度消路。而貿然而往。何能獲利故凶。○

問功名。初本在下曰趾。則動亦在下功名必卑。○問家宅。趾止也。此宅宜安止。

不宜遷動。動則有凶。○問婚姻防女有足疾。征凶有孚謂雖有聘約。其孚窮也。

〇問失物。此物已被足所踐踏而壞。〇問六甲。生男。

（占例）友人某來。請占事業之成否。筮得大壯之恒。

爻辭曰。初九壯于趾征凶有孚。

斷曰。初爻居乾之始。在內卦之下。是必發事謀始機會未至。而足先欲動者。故有壯趾之象。足下占事業而得大壯初爻。知足下志在速成當謀畫未詳經驗未定。而貿然前進不特無利且有凶也。故曰壯于趾征凶有孚者。謂輕舉而取失敗。有孚者謂徒有此約信也。此事須待時而動。緩圖則吉。今乃倉卒求成。是以凶也。友人不用此占。遽興業。遂致失策而傾家後有人以委金三分之一。繼承其業反得大利。

九二。貞吉。

象傳曰。九二貞吉以中也。

全卦諸爻。皆失於過剛。唯二爻爲得中。中者不偏之謂也。二與五應。無牴觸之

增補高島易斷

失。是以無過不及。而進退適宜。故不言壯。不言正。直曰貞吉。蓋即以象之利貞
歸之。而著其吉也。易道雖貴扶陽抑陰。然陽剛過盛。亦失其中。故必抑其過剛
以就其中。中則正正則吉也。象傳曰以中也。以九二當下卦之中。剛而能柔所
處得中也。

（占）問戰征以中營得力。故能獲勝。吉。○問營商以貨價適宜。得其時中可獲利
也。○問功名恰好中式。吉。○問婚姻雀屏中選吉。○問家宅此宅坐而朝東。地
位適中。大吉。○問疾病病在中焦。宜用潛陽滋陰之劑。自得痊愈。吉。○問訟事。
得中人調劑即息。○問六甲生男。○問行人已在中途即可歸也。

（占例）某會社社長。來請占氣運筮得大壯之豐。
爻辭曰。九二貞吉。
斷曰。此卦四陽在下。二陰在上。陽大陰小。剛浸而長。故曰大壯。足下占會社而
得二爻。可見社中資金充裕。足以有為。足下身任社長所當以柔濟剛。以靜制
動。從容辦事。不期速效。謙和有禮。進退悉中。自能徐徐獲益吉無不利也。後二

年。至四爻。四爲大壯之主。可得大利。後果如所占。

九三。小人用壯君子用罔貞厲羝羊觸藩羸其角。

象傳曰。小人用壯君子罔也。

羝羊牡羊也。三至五體兌爲羊。故取象於羊卦體純剛。故曰羝羊以喻剛陽之

盛也。三當內卦之終。逼近外卦乾剛震動壯象將成。小人處此必將恃其壯而

壯焉。是謂用壯君子有其壯。而不敢自居其壯。一若未嘗有壯也。故曰用罔。

無也。京房曰壯一也。小人用之。君子有而不用。是也。三以陽處陽。重剛不中。雖

貞亦危。故曰貞厲。君子因其屬而益加強焉。朝乾夕惕。時以非禮自防。不敢或

逞其壯所謂以有若無也。九四體震爲竹葦。故曰藩藩所以閑羊。四在前三觸

之。故曰羝羊觸藩。象小人之用壯也。羸鄭虞作纍爲拘纍纏繞。羸其角。角羊角。

謂羊觸藩。其角爲藩所拘纍。而不能出也。以喻用壯之危。小人用壯當知所返

矣。君子用罔。斯可免危矣。象曰小人用壯。小人第知有壯。君子罔也。去一用字。

益見君子之不用所貴歛之以無也。一說罔法網也。君子知壯之為屬凜凜然

以刑網為戒即君子懷刑之意亦通。

（占）問戰征善戰者審機察敵不敢妄動恃勇者逞強善鬥孤軍直入致陷險地

而不能出是以凶也。○問營商自恃資財之富任意墾斷一至貨物毀折無地

消售必遭大損善買者當無是慮。○問功名鹵莽者必敗謙退者成名。○問家

宅。此宅地位既高建屋宜低屋高恐有震陷之災。○問疾病病由血氣過剛藥

宜調血下氣。○問訟事以忍氣受屈息訟為宜若健訟不休訟則終凶。○問婚

姻。兩姓或一貧一富若富者恃富凌貧以致夫妻反目凶。○問六甲生男。

（占例）友人某來。請占商業盛衰。筮得大壯之歸妹。

爻辭曰。九三小人用壯君子用罔。貞厲羝羊觸藩。羸其角。

斷曰。此卦內卦乾父外卦震子。是父主謀於內子幹事於外父子協力以創興

家業財力旺壯。故曰大壯。足下占商業而得三爻以陽居陽爻位皆剛若徑情

直往其壯強之勢幾可壓倒同業然過剛必折恐反為同業所軋必遭窘辱如

羊之觸藩而不能出也。善買者堅貞自處。不敢挾富而生驕。亦不敢恃才而自

侈。雖有其壯。而不用其壯。斯得處壯之方。即得生財之道也。足下其熟審之。後

友人乘壯用事。果爲同業所擠損失數萬金。

○明治二十七年五月中旬。我國駐劄英國公使某罹病。友人某憂之。請余一

占筮得大壯之歸妹。

爻辭曰。九三。小人用壯。君子用罔。貞厲。羝羊觸藩。羸其角。

斷曰。此卦陽長之卦。三爻又以陽居陽。震爲木。木屬肝。是必肝陽過盛。脾陰受

尅之症。某公使素體壯健。醫者因其壯而誤爲實火。一味瀉肝息陽。而元氣愈

虛。肝陽愈燥病至不可藥救。是謂用壯之誤也。善醫者當以育陰潛陽治之。所

謂用罔也。至論爻象。三爻變爲歸妹。歸者。歸也。至四爻變泰。則病可療。今當五

月中旬。必過此一月後。可望平愈。然恐不及也。後某氏之病。果以翌月四日遂

亡。

九四。貞吉。悔亡。藩決不羸。壯于大輿之輹。

象傳曰。藩決不羸。尚往也。

九四出乾入震。爲震之始。以陽居陰。不極其剛。故得吉而悔亡也。三之有藩。藩

在四也。四前二陰則藩決矣。輮車軸縛也。坤爲大輿。震上二陰得坤氣。故亦曰

大輿腹壯則輿强。言行遠而無碍也。牽此以往。壯而不見其壯。悔何有焉。象傳

曰藩決不羸。尚往也。謂壯得其貞。乃可許其前往也。

(占)問戰征。前途城垣已破。車馳馬逐。長征可無阻也。○問功名。九四互乾。辰在

戌上值奎壁。璧主文昌。所以崇文德也。功名必顯。王良五星在壁北。主車馬。大

輿之象。雷電六星。亦相近主輿。雷。即震雷之象。○問營商。可許滿載而歸。吉。○

問家宅。此宅當車馬往來之地。宅前藩籬破落。急宜修整。○問疾病。人以髮膚

爲藩衛。以心神爲輿馬。髮膚破裂。心神搖蕩。病不久矣。○問婚姻。車脫輹。夫妻

反目。非佳偶也。不吉。○問六甲。九四爲震之始。震一索得男。爲長子也。

(占例)明治二十七年九月。大本營之進廣島也。

大元帥陛下。將發親征。恭筮一卦得大壯之泰。

爻辭曰。九四。貞吉悔亡。藩決不羸。壯于大輿之輹。

此卦四陽連進。上決二陰。其勢盛大。故曰大壯。今我以整整堂堂之軍。興征清

之師。懲其不逞。彼嚴兵固壁。尚不能當況其藩衛已決。何能禦我乎恍如騏大

車於坦途所向無前戰必勝攻必克可預決也爻象如此。其吉可知因呈此斷

於某貴顯。

六五喪羊于易。无悔。

象傳曰。喪羊于易。位不當也。

上卦互兌。兌爲羊。五正是羊。喪亡也。易音亦。陸作場。謂疆場也。易場古通字。乾

爲郊。郊外謂之牧。五當乾郊外疆場之地。畜牧之所也。畜牧有藩防其逸也卦

以震之下畫爲藩三觸之。四則藩決矣。五則羊逸羊逸于易所謂大道多岐而

亡羊。故曰喪羊于易。五居震卦之中。偶畫爲陰。易爲曠郊陰地。陰爻而入陰地。

不見其壯。故象爲喪羊。且羊性剛鹵。喜觸无羊則无觸。无觸則无用壯之悔。故

曰无悔。旅上九曰。喪牛于易。易亦作場。旅宜柔。喪其柔。是以有凶也。大壯惡剛。

喪其剛。是以无悔也。象傳曰。位不當謂无悔。在得中不在當位。猶九二之貞吉。

象曰以中亦不在位也。總之大壯一卦。彖所稱利貞以事理言。不以爻位言也。

明矣。易字鄭謂交易。本義讀作以智切音異謂容易也。義各有取。

（占）問戰征。三爻曰羝羊觸藩有攻擊之象。喪羊則无觸。而戰事可平。○問營商。

易。鄭謂交易。有經商之義。喪亡也。恐有小失。然无大悔。○問功名。以得爲吉以

喪爲凶。亡羊補牢。未爲晚也。晚年可望。○問家宅。此宅在郊外空曠之處。於牧

畜不利。○問疾病。喪凶象。不吉。○問婚姻。牽羊擔酒。昏禮也。无羊婚禮不成。○

問六甲。生女。

（占例）友人某來曰。頃日有一種貨物可居奇獲利。請占一卦以定盈虧。筮得大

壯之夬。

爻辭曰。六五。喪羊于易。无悔。

斷曰。此卦四陽在下。其勢甚壯。故名大壯。今占得第五爻。五處外卦之中。二畫

為陰。壯勢已失爻曰。喪羊是必有喪而無得友人曰。臺灣之事購入軍中所需
食料品物他日與清開戰實一大賣買也。後聞得平和之信頓為驚愕遂遭大
耗三年之後。猶不得價全額云。

○明治二十七年十一月二十日某貴顯來訪曰目下旅順口形勢如何試為
一占筮得大壯之夬。

爻辭曰。六五。喪羊于易。无悔。

斷曰以我國占旅順。旅順屬清。是外國也。今占得五爻。五居外卦之中。當以我
國為內卦旅順為外卦。喪者清國得者我國也。爻辭喪羊于易。易謂容易也。此
番旅順之失。在清國若不自覺其亡也。而我得之亦不覺何以得也。蓋不須力
戰而得之也。數日內當必有捷報到來後數日旅順陷果如此占。

上六。羝羊觸藩。不能退。不能遂。无攸利。艱則吉。

象傳曰不能退。不能遂不詳也。艱則吉。咎不長也。

上處外卦之終。與三相應。上之羊。猶是三之羊。上之觸。猶是三之觸。三雖羸角。

乘剛而動力能決藩。亦可進也。即不能進。尚可退也。至上勢衰位極爻處重陰。

後路既斷。前路又窮。將安歸乎。不曰不能進。而曰不能遂言。終不能遂其壯往

矣。○問功名。在上爻有位高而危之象。若戀戀不退。一旦禍及欲退不能。悔已

晚矣。○問家宅。上爻居震之極。震爲響宅。中必有震響震又爲木木動剋土。恐

有土精出現。土精爲羊。其宅不利。所當艱難自守。至之卦爲晉。晉曰錫馬蕃庶。

則可轉咎爲吉。○問婚姻。未及詳探。一時已定。茲要改悔。必不能也。現當知苦

之願也。視三之羸角。困益甚焉。利何有也。因退遂之不能。而惕之以艱。茲後懲

前非禮弗履。亦何難轉咎爲吉哉。象傳所謂不詳也。言其不能視履考祥。故至

退遂之兩窮也。所謂咎不長也。言能知其所艱。則謹愼自守。壯終於此。咎亦終

於此耳。

(占)問戰征。六處爻之窮。如追窮寇也。恃勝深入及爲敗軍所困。進退無路凶道

也。○問營商。是一意居奇。積貨不售。至時過價賤。只要保本。而亦不得。其因甚

矣。○問功名。在上爻有位高而危之象。若戀戀不退。一旦禍及欲退不能。悔已

晚矣。○問家宅。上爻居震之極。震爲響宅。中必有震響震又爲木木動剋土。恐

有土精出現。土精爲羊。其宅不利。所當艱難自守。至之卦爲晉。晉曰錫馬蕃庶。

則可轉咎爲吉。○問婚姻。未及詳探。一時已定。茲要改悔。必不能也。現當知苦

困守。久後必佳。○問六甲。生女。

（占例）一日過訪杉君閑談移晷。杉君謂余曰昨夕有傭兒入我倉庫竊取物品若干。中有勳章禮服。是貴重之品也。未審可復得乎子試筮之。筮得大壯之夬。

爻辭曰。上六羝羊觸藩。不能退。不能遂。无攸利艱則吉。

斷曰。上爲爻之極。賊竊得勳章禮服貴重之品。在賊旣不能轉售。又不能自用。賊無所利。計亦窮矣。爻曰羝羊觸藩。羊性剛鹵以喻賊之鹵莽也。觸藩者賊或將以此貴物。置之於隣近藩落間乎。君請搜尋之。後果於隣邸牆垣上尋得之。杉君大爲贊稱。

增補高島易断

火地晉

卦體上離下坤。坤爲地。離爲火。坤之象曰行地無疆。行即進也。離之性曰爲火。炎上。炎上亦進也。且物之善進者莫如牛馬。坤爲馬。離爲牛。皆能行遠。有進往之象。火明也。地順也。明則足以燭遠。順則足以推行又有進長之義。按晉進也。晉古文作𣉄。从𣉄从日。𣉄正字通即刃切。晉進前往也。上升也。序卦傳曰物不可以終壯。故受之以晉。此晉所以繼大壯也。

晉康侯用錫馬蕃庶晝日三接。

卦象上明下順。離明爲日。故象君坤順爲臣。故象臣。合之爲君明臣良之象。坤爲國。故謂侯坤爲康康安也。坤爲馬。故謂馬坤爲衆。故謂蕃庶離爲日。故謂晝蓋爻稱康侯者。謂明臣也。明臣昇進。天子美之賜以車馬蕃庶言車馬之多也。晝日三接者。言不特賜錫之多。且覿見之頻。一晝之間。三度接見也。

象傳曰。晉進也。明出地上順而麗乎大明。柔進而上行。是以康侯用錫馬蕃庶晝日三接也。

此卦離曰坤地。取象曰出地上。日出地而上進。光昇於天。明麗於地順而柔者坤也。麗而明者離也。大明者明君也。上行者臣之昇進於上也。謂其時天子大明在上諸侯恭順在下。明良相濟。君臣一德。天子褒賞勛功。蕃錫車馬。一晝三覿。寵錫甚隆。品物蕃多也。接謁甚優。問勞再三也。考大行人一職。曰諸公三饗三問三勞。諸侯三饗。再問再勞。子男三饗一問一勞。即天子三接諸侯之禮也。錫馬。即觀禮所謂四馬卓上九馬隨之也。

以此卦擬人事。在國爲君臣。在家爲父子。離下巽上爲家人。曰家人有嚴君焉。坤爲母亦爲民有母之象焉。父在上而明察有義方。無溺愛也。子在下而順從。有孝敬無忤逆也。由此以齊家。則上明下順。而一家和睦。盤匜潔甘旨之奉。門庭來歡樂之休。先意承志順之至也。和氣婉容柔之正也。麗乎大明者繼志

而達孝也。進而上行者。入侍而承歡也。國曰康侯。即家所稱孝子神孫者也。錫

馬蕃庶者。國有恩錫。猶家之有慶賞也。晝日三接者。觀禮謂三饗三問三勞。猶

世子所稱朝問安。晝視膳。夜視寢者是也。大學言修齊。首稱明明德。唯其有離

明之德。斯進而修身。進而齊家。進而治國平天下。由是道也。此晉卦所以取象

於明出地上也夫。

以此卦擬國家。上卦爲政府。得火之性能啓國運之文明。下卦爲人民。得地之

性能柔順而上進。上以其明照臨夫下。下以其順服從夫上。象曰明出地上。謂

日之初出漸進漸高。喩明君之擢用賢臣。登進上位也。順必麗夫明。則順乃有

濟。柔必進於明。則柔得其正。不然順以取悅。轉致蔽其明也。柔而生暗。必不能

以行也。故象辭曰順而麗乎大明。柔進而上行。此晉之所以言進也。曰用錫馬

藩庶用謂以賞錫也。如采菽一詩所云君子來朝。何錫予之。雖無予之。路車

乘馬者是也。晝日三接者。行觀禮一也。三饗三致命降西階拜二也。右肉袒入

廟門出屏南後入門左王勞之。再拜三也。此爲元首明哉。股肱良哉。一時遠臣

増補高島易斷

來朝天子燕饗物美禮隆賜予之厚。接見之頻。典甚重也。歷觀六爻初爲始進。

故有摧如之象。二之愁如亦凜初之摧如而來也。三則不摧而衆允孚矣。

此爲內卦得坤之柔而進也。四不當位故有鼫鼠之戒。五爲卦主則往有慶也。

上處離之極。離爲戈兵故曰伐邑。此爲外卦得離之麗而明也。象曰君子以自

昭明德君子者即離卦所稱明兩作離之大人也。

通觀全卦卦體從大壯來。上卦變震之下畫而爲坤。下卦變乾之中畫而爲離。

晉進也。壯則行之。是以進而上行也。象曰明出地上明即謂離地。即謂坤出即

所謂上行也。日之光明在天日之照臨在地日以明而上行不明不特不見行。

且不見爲日也。六爻皆言晉而晉各隨其先後以爲象。初爲進步之始。人或不

我孚也宜寬裕以處之也。二進於初二雖懷愁已見其吉而受福也。三則又有

進矣罔孚者。忽而共孚。衆心允服。悔何有焉。內三爻得坤之順。故皆吉四當外

卦之始。出震入離。首鼠兩端有一前一却之象雖貞亦厲。五爲卦主柔進上行。

故往吉无不利也。上處晉之極。角即大壯羝羊之角也。進而不順必致吝也。外

三爻當離之位。高而難進。故多厲。蓋離之配卦十有六象之最美者。莫如晉大

有大有明在天上。其明最盛晉明出地上。其明方新明之方新其進貴柔六爻

中四上兩爻曰厲。四進非其道。故如摧窮之鼠上窮而又進。故有晉角之危皆

失柔進之道也。聖人微顯闡幽。憂患作易。故于晉明之世。猶必以貞厲貞吝為

戒初二三五之吉。正所以勸其進也。自明其德。用以明天下之德旨在斯乎。

大象曰。明出地上晉。君子以自昭明德。

日西入為夕。東出為旦。方其始出漸進漸高愈高愈明。光無不照幽隱偏燭即

晉之象君子法此象以自明其德。德。心之德也。與生俱來。靈明夙具。本無一毫

私欲得而薮掩猶日之初出於地。滄滄涼涼明光畢照本無一些雲翳自昭明

德昭即明也。所謂自明明德。明德而猶待於明。此事不容假貸唯在自知之而

自明之耳。君子切而責之於自致知格物以啓自昭之端。誠意正心以致自昭

之實謂之君子以自昭明德也。

曾甫高島易斷　晉　三十六

七五三

（占）問時運正當好運新來。猶朝日初出漸升漸高。明光普照也。吉。○問戰征當

大軍初發順道而進。宜日戰不宜夜攻。○問營商最利煤炭地火等生業。取其

明也。吉。○問功名有功名指日高陞之象。吉。○問婚姻明媒正配吉。○問訟事。

宜返而自訟。○問家宅此宅朝東南高敞明朗。得太陽吉曜照臨。大吉。○問六

甲生女。○問失物。在明堂中尋之得。

初六晋如摧如貞吉罔孚裕无咎。

象傳曰晋如摧如獨行正也裕无咎未受命也。

初居下卦之始。柔進上行。自初起首曰晋如。若欲進而未果。繼日摧如。若有摧

而見阻。初與四應。四不當位。不特不應。且所以摧初之進者。實四爲之也。然雖

見摧唯其得貞是以吉也。罔孚者推其摧之由來雖四爲之。亦由上下之交未

孚耳。坤爲裕。故曰裕當其未孚。或汲汲以干進。或悻悻而懷忿。皆所以取咎也。

唯雍容寬裕樂道自處。咎何有焉。故曰裕无咎。象傳曰獨行正也謂摧者不正。

晉者能獨行其正耳。无咎未受命也。謂其未受錫命。祗宜寬裕以待之耳。

（占）問時運。目下好運初來。雖无災咎。尚未盛行。宜遲緩以待之吉。○問戰征。初

次行軍。衆心未定。宜寬以待之吉。○問營商。貨物初到。商情未洽宜寬以時日。

早則四日。遲則四月到。四爻曰衆允。則貨可旺消必大獲利。○問功名。功名固

所自有。不可知者。遲早耳。宜寬懷以俟。○問家宅。此宅本吉。一時未許進居。爲

兩情未洽緩則必成。○問婚姻。因探聽未確。遲緩可成。○問失物。日後可得。○

問疾病。宜寬緩調養可愈。○問六甲。生女。

（占例）某縣人來。請占志願成否。筮得晉之噬嗑。

爻辭曰。初六。晉如摧如。貞吉罔孚裕无咎。

斷曰。晉者進也。晉當初爻。是進步之初也。摧如者。欲進而有所摧折也。進者雖

正。无如人不我信也。今足下占問志願。而得初爻。知足下品行端正。才具可用。

但一時衆情未孚。是以欲進又阻。初與四應。四不應。初反來阻。初料足下所託

謀事之人。此人不能相助。反致相毀。故一時難望遂願。宜到四爻曰衆允之日。

志願可遂。一爻一月。大約在四月以後大吉。其人嘗携建議書請謁某貴顯。不
能面達。反受警部之辱。得此占所云。大有感悟。

六二。晉如愁如。貞吉。受茲介福于其王母。

象傳曰。受茲介福。以中正也。

愁如不悅之意。與摧如不同。愁者在我。摧者爲人所阻。然二之所以愁如實因
初之見摧而來也。居中履正。故貞吉。介福謂大福。王母以二與五相應。五王位。
坤陰坤爲姚。故曰王母。王母即所謂太后也。二屬坤。坤通乾。乾爲介福。按井三
曰王明受福。旣濟五曰實受其福。井三旣濟五。皆得乾體。其福蓋皆受之於乾
也。二又互艮。艮爲手。手持福以與二。二受之。故曰受茲介福。九家易云。介福謂
馬與蕃庶之物也。象傳曰。以中正也。謂其守此中正。不以无應而回其志。故終
得受此大福也。

(占)問時運。目下運非不佳。但所求多阻。中心未免憂結。能守正不改。終必亨通。

大利。○問戰征。前番進攻。既遭摧折。今此再進。殊切愁懼。然能臨事而懼。後必獲吉。六二與六五相應。六五辰在卯。上值氐房心尾氏星。前二大星。主后妃。故取象王母。禱之則有福。○問營商。因前販之貨。已被折耗。今茲未免懷愁。故曰晉如愁如。惟中正自守。至五爻乃曰失得勿恤往吉。无不利。蓋勸其勿必憂愁。而自然獲福也。○問功名。今雖憂愁。至五爻日往有慶。蓋二年之後即可獲吉。○問婚姻。吉。但目下不就。須待第三年可成。當有祖母爲之作主。○問家宅。當遷居。與祖母同居共食。吉。○問失物。久後可得。○問六甲。生女。

（占例）明治五年。余隨陸軍大佐福原實氏。赴讚州謀築兵營。時坐輪船中。福原氏曰方今我國形勢。前途未可知。請試一占。筮得晉之未濟。

爻辭曰六二。晉如愁如。貞吉。受茲介福于其王母。

斷曰晉者進也。欲進而愁其見摧。是進而未能進也。故爻曰晉如愁如。六二以陰居陰。但得中正。與初爲比。因初之摧倍切憂思。可謂臨事知懼。故得貞吉。今占我國時勢。得此爻。我國自維新以來。力圖進取。以啓文明。初時內爲舊藩士。

意見不合所阻外爲泰西各國風教不同所困下又爲民人改革不便所擾是

以欲進而未能遽進玆當二爻二與五應五屬尊位知當道大臣蒙我

皇上帝心簡在上下一心固不敢畏難思退唯是進步艱難曰切憂慮此即爻

辭之所謂晉如愁如是也當日三條公以下諸位大臣秉正謀國不特受知於

皇上且爲　太后所信任也此即爻辭所謂受福於王母是也就前後爻辭而

詳推之初爻則屬之前事二爻則屬之今日二五相應是即象所稱康侯者也

三爻則初之罔孚者而衆孚矣得以上行无悔四爻則恐有讒邪在位如鼠之

晝伏夜行進退詭祕意將竊弄政權爲宜戒也五爻當君位是明君在上殷殷

爲諸臣勸駕曰失得不恤往吉无不利蓋指二之愁如者言謂失得不足憂

往則无不利有慶者即受福之謂也上爻居離之極離上王用出征故五爻亦

用伐邑謂再有摧我者當以王師討之使不敢復阻我前進也爻象一爻或當

一年或當十年可以定數求之統之晉者進也繼大壯而來爲宜柔順上行不

宜剛健躁進蓋取坤之順而在下尤必取離之明而在上君子自昭明德胥是

道也。武功必先文德。上爻之伐邑。知亦不得已而用之耳。我國明良交際文武
兼修。國富兵強日進日盛正萬年有道之休也。豈不休哉。
福原氏聞之。大爲感服。

六三。衆允悔亡。

象傳曰衆允之志上行也。

三居內卦之上。與四爲比。剛阻於前。似宜有悔。允信也。六三辰在亥。得乾乾爲
信三比近初二爻與初二同心幷力合之爲三三。人成衆。故衆允外卦爲離離
取其明所謂克明克允是也衆允則四不能攘。故悔亡古今來爲國謀事要皆
以衆心之向背爲成敗者也衆心不順其事雖正。卒無成功孟子所謂多助之
至天下順之者。衆允之義也。初之罔孚未信也。三之衆允見信也。孔子所謂信
而後諫信而後勞其民事上使下道在是爲象傳曰。衆允之志上行也。二與上
應。志在上行。故能與衆同信也。

（占）問時運。目下災悔已去。大衆悅服。故吉。○問營商。初時爲衆所撓不能獲利。

今衆情和睦。可以无咎賣買皆利。○問戰征。衆志成敗。戰必勝。克必攻。上行无

悔。○問功名得衆人推舉乃成。○問家宅主眷屬和睦吉。○問婚姻兩姓和諧。

吉。○問訟事得有三人出而理處。兩造允從无悔。○問六甲。生女。

（占例）九州商人某來。請占購賣某大會社物品成否如何筮得晉之旅。

爻辭曰。六三。衆允悔亡。

斷曰。卦體下順上明。顯見以明白无欺柔順得衆爲要。今占購賣物品。而得晉

三爻。知其在初爻。已欲購賣爲人所撓折不成。二爻又欲賣之。爲己多愁慮未

定。茲當三爻。已見衆心允洽。雖四爻爲貪人意欲從中取利。然因大衆已允。亦

不復阻止矣。准可購賣无悔。

九四。晉如。鼫鼠貞厲。

象傳曰。鼫鼠貞厲。位不當也。

四爻以陽居陰。不中不正當上下四陰之中。上互坎。下互艮。坎爲隱伏。艮爲鼠。

坎隱而傷明艮止而傷順。無其德而居其位。上承陰柔之主。窃弄威權下抑衆

陰。使忠言不得上達以隔絕上下之交者也。其貪戾之性。猶如鼫鼠。故曰晉如

鼫鼠自來奸臣得位其性點譎其志貪殘畫伏夜動詭祕百端窃弄權狡同

社鼠一旦明德當陽察識奸邪渾如碩鼠見猫罔不捕滅故曰貞厲象傳曰不

當位也謂斯不當居斯位爲窃位也按解之卦以陰居陽象狐晉之卦以陽居

陰象鼠此卦互體艮。一陽在上。故稱鼫鼠狐性疑在解當去其疑鼠性貪在晉

當去其貪取象各有所當。

（占）問時運運有蹉跎宜光明正大處之若持首鼠兩端之見好爲狡詐必凶。○

問戰征晉象曰晝日三接。或日接即捷言一晝間而得三捷若疑而又貪如鼠

之晝伏夜動則危。○問功名爻曰鼫鼠鼫鼠謂五技皆劣是必不能得志也。○

問營商。鼠性貪貪無不敗防爲同夥貪財致敗。○問家宅鼠爲穴蟲善盜宅多

鼠。必主耗失不利。○問疾病詩云鼠思泣血或有嘔血之症又曰鼠憂以痒。或

有疥瘡之疾。是亦可危。○問訟事首鼠兩端是一却一前。一時不能决也。○問

行人晝伏夜行。必有事故。一時不歸。○問失物已入鼠穴不得。○問

鼠竊婚姻不正。○問六甲。生女。

婚姻。鼠為

（占例）商人某來。請占家政筮得晉之剝。

爻辭曰。九四晉如鼫鼠貞厲。

斷曰卦體順麗大明柔進上行。足見主家者公明在上。一門柔順和樂有家業

日進之象。今占得四爻以陽居陰位不得正。鼠為穴蟲晝伏夜動。貪而畏人陰

物也。四爻如之。故爻辭曰晉如鼫鼠料足下家中必有鼠竊之徒管理家務。如

詩所詠碩鼠碩鼠一則曰食苗再行一日食穀。知盜食家産。為禍非淺。故曰貞

厲。言家道雖貞。亦屬也。足下其審之慎之。

○子爵五條為榮君將遷居西京。請占其吉凶如何。筮得晉之剝。

爻辭曰。九四晉如鼫鼠貞厲。

斷曰此卦內坤外離為晉。象曰明出地上。出於東為明。日入于西為晦。卦德在

明。是宜東不宜西也。今君將移居西京。辭爵歸隱。占得晉四爻。按晉四爻者爲進不

宜於退日出在東不宜就西。象皆不合。四爻辭曰晉如鼫鼠貞厲謂首鼠兩端。

一前一却正如君之進退疑慮。欲遷未决貞厲者謂退隱意非不正恐後有危

屬也。勸君不必遷移。

象傳曰失得勿恤。往有慶也。

六五。悔亡。失得勿恤。往吉无不利。

五爻爲晉之主。高居尊位柔而得中唯與四相比昵四逐得竊弄威權隔絕二

三。不得親近。是以有悔然五躬備明德智足察奸黜六四而任六二昭明有融。

上下交孚。故曰悔亡。失得勿恤者謂五不自恃其明委用六二信任勿疑計是

非不計得失。即有小失小得不足憂也。往即上行指康侯往朝於天子也。吉无

不利指受介福於王母也。故象傳曰往有慶也。慶即受玆介福之謂也。

（占）問時運目下正當盛運。災去福來。有得無失大吉。○問戰征轉敗爲勝。在此

一戰。奮勇前往。立見成功。○問營商前此小失。今可大得。吉。○問功名不必汲

汲求名可無意得之也。吉。○問家宅日出于東離位南方。此宅必朝東南從前

小有災悔。今則屋運已轉。吉无不利。○問婚姻以九五爲男家。六二爲女家兩

爻皆吉大利。○問訟事曰悔亡。謂災害已去。罷訟則吉。○問失物往尋必得。○

問六甲生女。

(占例)華族某來。請占氣運。筮得晉之否。

爻辭曰六五。悔亡失得勿恤。往吉无不利。

斷曰晉五爻爲一卦之主。高明在上。且坤爲邦爲國。有屏藩一國之象。閣下占

氣運。而得此爻。爻辭曰悔亡。失得勿恤。想閣下自廢藩以來。從前或小有災悔。

今能柔順上進。觀光志正是不以失得爲憂也。故曰悔亡。往者往朝也。上下交

孚故无往而不利也。聞閣下欲以每歲財產餘利。敎育藩士子弟以爲國家培

植人材。至財產之得失不復計慮。象傳所稱康侯者。必在閣下矣。他日恩賞下

逮。車馬藩庶行有待焉。爲象傳所謂往有慶者此也。

○明治三十一年占內閣氣運筮得晉之否。

爻辭曰。六五。悔亡。失得勿恤。往吉。无不利。

斷曰。此卦明出地上。順而麗夫大明。國家治體。駸駸上進之氣運也。今占得五爻。五居君位。昭明有融。上下交孚。君明臣良。正在此時。然其間黜陟不无少有紛擾。在內閣諸公皆正色立朝。秉忠從事。不計榮辱。謂之悔亡。失得勿恤。往吉。无不利也。果哉是年伊藤侯辭總理之爵。大隈板垣二伯入內閣。五閱月。山縣侯升爲總理。此間雖非無紛擾。國家益見進步。正合此占。

象傳曰維用伐邑。道未光也。

上九。晉其角。維用伐邑。厲吉无咎。貞吝。

角者陽而在上。喻威猛之義。上爻處晉之極。過剛失中。故曰晉其角。謂其知進不知退也。離爲甲。爲戈。離上王用出征。上爻體離。故亦曰維用伐邑。用者五邑指四。奉命而伐之者上也。四旣有罪。聲罪致討。兵雖危事。吉而无咎也。然干羽

可以格頑。玉帛可以戢爭。不用文德。而用武功。亦未始非聖明之累也。故雖正
亦吝。而傳曰道未光也。

(占)問時運。目下好運將終。防有事故出來。然無大害。○問戰征。只可近征國內。
不可遠伐海外危。而終吉。○問營商。於同業防有紛爭。於事則危。於貨則利。於
情則吝幸無咎也。○問功名晉進也。角在首上。有首選之象。功名成。後防有從
戎之役吉。○問家宅居者於鄉黨中有紛爭之事。未免不安。然无大咎。○問婚
姻。上與三相應。上與三。即爲男女兩姓。始有紛擾。終得和諧。故悔亡。與三同也。
○問訟事。雀角之詩。刺訟也。罷訟則吉。○問六甲。生女。

(占例)友人某來曰。今有一會社。自創業以來。余問所關慮。一昨年總會改正社
員迄後事務不整。有株主之紛擾。其由社勢之不振乎。抑由社員之不力乎。請
一占其盛衰。筮得晉之豫。

爻辭曰上九。晉其角維用伐邑。厲吉。无咎貞吝。

斷曰晉者明出地上。有社運日進日新之象。今占得上爻。爲晉之極。是進无可

進矣。物極必反。意者重有改革乎。伐邑者即正其不正。可用前社員之練達者。以定鰲會社之規則。庶幾可得吉矣。事雖危殆。終无咎焉。從此社業復興。不失其正。然自有識者觀之。不免爲之竊笑也。故曰貞吝。

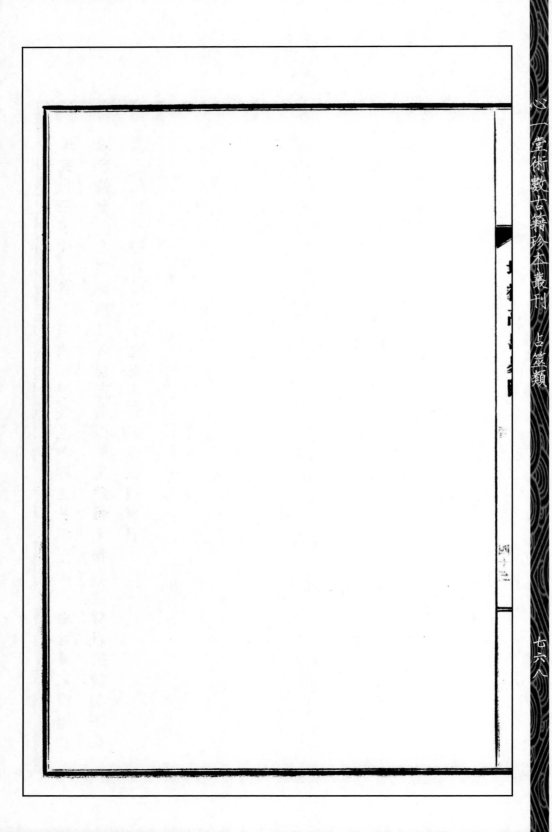

明出地上。謂之火地。此卦反之。謂之地火。明出于地。光明上炎。故卦爲晉。晉進也。明入于地。光明下蔽。故卦謂明夷。夷傷也。當此明夷之時。暗主臨朝。衆正并受其傷。離來居下。地往居上。日入地中。明受其夷。序卦曰。晉者。進也。進必有所傷。故受之以明夷。是以謂之地火明夷。

明夷。利艱貞。

明夷。明受夷也。卦體上坤下離。坤地離火。火入地中。則火爲土爲掩。火光不能上炎而生明。是火爲土所尅。而離火受傷。火既受傷。勢不能出坤而自炫其明。道唯晦而已矣。艱以歛其彩貞以匿其光退而避傷潛以爲利是用晦之道也。故曰明夷利艱貞。

象傳曰。明入地中。明夷。內文明而外柔順。以蒙大難。

文王以之。利艱貞。晦其明也。內難而能正其志。箕子
以之。

卦象曰出地則明。日入地則暗。暗則傷明。是以晉卦大象曰昭明。此卦大象曰
用晦所謂變而不失其正危而能保其安者得此用晦之道耳。古之聖人有行
之者內修文明之德外盡柔順之誠即至躬履大難羑里受四七年之中秉忠
守職無有二心此文王之所以為文王也謂之內文明而外柔順以蒙大難文
王以之。然文是外臣與紂疏遠其晦猶易又有分居宗親諫則受戮去無可往。
而被髮佯狂甘辱胥餘此箕子所以為箕也謂之內難而能正其志箕子以之。
內難者以箕子為紂之宗親夫以貴戚之卿遇暗主去之則義不忍不去則禍
迫朝夕是尤人臣之所難處箕子能佯狂得以免難是殷三仁中之
最著者也總之當紂之世不以艱貞晦明則被禍必烈文王箕子之行可謂千
古人臣用晦之極則也論二聖之行雖相似而不同文王者異姓之諸侯其道

疎也外也箕子者同姓之大臣其道親也內也文王則皆然孔子釋

六十四象皆推廣文王彖辭之義獨於此卦稱文王抑有故也蓋明入地中爲

文王事紂之象文王有大明之德而幽囚羑里又可見明入地中之象人得此

卦知時運之艱險當固守貞正之道明夷之時利艱貞與他卦所言利貞不同。

凡爻中曰利艱貞者多就一爻言之而明夷一卦則全卦皆以利艱貞取義象

曰君子用晦而明即利艱貞之旨也其垂戒深矣。

以此卦擬人事爲當門祚衰薄遭家不造之時也坤母在上離子在下子雖明

不得於母是晉文之出亡而存宜臼之在內而誅不明則遭禍尤烈古

來摯子家破身亡類如斯焉推之與人共事而逢首之昏庸爲國從征而值元

戎之柔闇有才見忌有德被讒不特於事無濟而且身命莫保所謂頑石得全

璞玉必剖明之害也明夷一卦要旨全在用晦二字以晦藏明明乃無害以明

用晦晦得其正坤爲由又爲晦的是用晦之義離之德上炎離之體中虛中虛

則足以藏明是爲用晦而明之象諺語有云閉口深藏舌安身處處穩亦處世

之要訣也。人生入而處家。出而謀國不幸運際其艱所當法明夷之晦。用以自

全耳。

以此卦擬國家。上卦坤爲政府。坤土過厚而致暗。下卦離爲臣民。離火雖明而

被制明在地下。是賢臣遇暗主之象。蓋身當亂世。動涉危機。才華聲譽皆足招

禍是以庸庸者受福皎皎者被害。亦時勢使然也。君子處此常凛履薄臨深之

懼。倍懷韜光匿彩之思。有才而不敢自露其才。有德而務思深藏其德。或見幾

而早退或明哲而保身。是謂用晦而明之君子也。故六爻取義不同而其旨不

外用晦內三爻屬離。爲鳥爲馬爲狩鳥以高飛。馬以行遠狩以獻公皆晦離之

明以避禍也。外三爻屬坤。四日出門。上爲入地出門可免入地則凶。五爲卦主。

以箕子當之。皆用坤之順以晦明也。此關國家興廢之大。聖如文王箕子祇唯

樂天知命。盡其臣道以挽天心是以六爻不言吉凶言吉凶。轉開小人趨避之

門非聖人用晦之道也。

通觀此卦明夷次晉晉者進也。進而不已。必傷時有泰否道有顯晦時與道違。

雖聖賢不能免災。晉之時明君當陽。康侯得受其寵。明夷之時。暗主臨下。衆賢
并被其傷。大陽入地中。明爲之所夷。故賢雖正不容道雖直不用。仁者懷其寶。
智者藏其鑑。用晦而明得其旨爲就六爻而分信之初九爲明夷之始。當逸民
之位。見幾早去以潛藏爲貞有保身之智。如伯夷太公是也。六二文明中正。爲
離之主。承坤之下。當輔相之位以匡救爲貞守常執經。如文王是也。九三當明
極生闇之交與上六相應通變達權順天應人如武王是也。六四棄暗投明見
幾而作。知上六之不可匡救潔身而去。如微子是也。六五居坤陰之中。分聯崇
戚職任股肱不幸而躬逢暗主以一身係社稷之重能守貞正。如箕子是也。上
六窮陰極晦。與日俱亡者。如商紂是也。總之明夷全卦以上六爲卦主下五爻
皆爲上爻所傷就中內三爻所傷尤甚。故皆首揭明夷二字以示傷害之重也。
其象以上卦晉爲日出此卦爲日落日者君也。君以賢人爲羽翼以忠臣爲股
肱。以其身爲元首以親戚大臣爲腹心乃可登天而照四國今初爻羽翼傷二
爻股肱傷三爻元首墮。四五腹心離。上爻之所以入地其傷節節可覩其象歷

大象曰明。入地中。明夷。君子以莅衆。用晦而明。

歷可危後世人主。當取以爲鑒。

離爲明。坤爲地。明入地中。光明藏而不用之象。君子則之。坤爲衆。故曰莅衆以御其衆也。知不可不明。亦不可以過明。不明則人皆欺我。過明則物不我容。所當納明智之德。於寬柔之中。韜其光而不露。藴其美而自全。斯上不至妬其功。衆皆得以服其化。以此履盛盛而益顯以此涉危危亦得安。古之聖賢。旅續以塞聰明。樹屏以蔽內外不欲明之過用者胥是道也。

(占)問時運。運當大難深宜晦藏○問戰征。象曰莅衆。適值用師之時宜效明修棧道暗度陳度之計必得勝也。○問營商。卦象艱難大衆恐難取利暗中尙有分肥。○問功名。離火被土所尅功名不顯。顯則反有災害。○問家宅。家道不順。或父子分居。尙可保全。○問婚姻。必非卅媒正娶。○問疾病。是肝火內鬱之症。治宜息火。○問訟事。宜受曲罷訟可以免禍。○問六甲。生女。

初九。明夷于飛。垂其翼。君子于行。三日不食。有攸往。

主人有言。

象傳曰君子于行義不食也。

于飛垂其翼者。謂飛鳥傷翼而下垂。君子于行。三日不食者。謂倉卒決去而無

可得食。有攸往者。去此日行適彼曰往主人有言者。謂或議其迂濶。或諷其偏

固。雖未定其何辭。要不免嘖有煩言也。初爻與四爲害。應被四所傷。離爲飛鳥。

故取以爲喻鳥遭傷而不得安栖。欲去而避其害。故曰明夷于飛垂其翼。但初

當離之始。去上猶遠。受傷尚淺。其去也。見幾尤早。三日不食。離爲大腹。其體中

虛。中虛則腹空不食之象。三日者以離三爻皆明。而見夷故曰三日。君子接淅

而行謂既去其國。不食其粟。故傳曰義不食也。君子謂初也。主人謂四也。初與

四應。四欲傷初。初爲避四而遠行。四見初去而有言。如初者可謂明於見幾而

不受四之所傷。直善用其晦者矣。

(占)問時運。初運不佳。唯其善自保全得以无害。○問戰征。爲營中糧食已盡。且宜暫退。○問營商。明夷者。恐資本有傷。運貨遠行。有中途受難之象。又恐主人嘖有煩言也。○問功名。于飛垔翼明示以不能騰達之象。○問婚姻。初爻與四不相應。而反相害。婚姻不諧。○問家宅。此宅必是租典。非己屋也。故有主人三日不食。有破竈不炊之象。不利宜遷。○問六甲。生女。

(占例)有友人某甲幹來。請占氣運。筮得明夷之謙。

爻辭曰。初九。明夷于飛垔其翼。君子于行三日不食。有攸往主人有言。

斷曰。明夷離火被坤土所掩。明受傷也。離又有離散之義。觀足下相貌。骨間有黑氣所蒙。是明被黑掩。知將與主人離散矣。故爻曰主人有言。玩初爻之辭。顯見足下與主人不愜意。欲辭去。爻曰于飛垔其翼。恐欲行而爲主家所羈束。故乖翼而不能飛也。即從此他往。恐前途不利。尙有馮驩彈鋏子胥吹簫之難。時運不佳。宜匿迹避禍。

○明治二十八年占我國氣運。遇明夷之謙。呈之內閣總理大臣。

爻辭曰。初九。明夷夷于飛。垂其翼。君子于行。三日不食。有攸往。主人有言。

斷曰。此卦日入地中。爲昏暮之時。國家而得此卦以內卦爲外卦所傷。即可見我國爲外國所侵也。就我國近時論之。離火之文明。盛于內地。逼於外國之交際。未能如意。故曰明夷利艱貞。今也我軍戰勝清國陷遼東襲威海勢如破竹。余曾於本年六月初次啓戰占得需卦。知海陸軍之全勝并料後日有三國干涉之議。外或以威武爲頸揚內實以富强生嫉妬。是各國之狡計也。今得此卦。知我軍當此戰勝之餘軍艦或有損傷而不適於用兵士或有疲斃而不可復勢。則猶如鳥之傷翼而不能飛揚。謂之明夷于飛垂其翼計欲進而相抗。無如兵力之不足。何計欲退而議和。無如國民之不服。何日夜籌思。幾廢寢食。謂之三日不食。爻象所謂用晦而明者。是指我所向往也。謂之有攸往。主人有言者。即指此爻辭也。果哉四月媾和之約成。同時有三國之干涉。我遂還付遼東。得償金而結局。

六二。明夷夷于左股。用拯馬壯吉。

象傳曰。六二之吉。順以則也。

二為臣位居離之中。與五相應。五坤為暗主。反欲傷害賢臣。是明夷之所以為明夷也。左股者以二為股肱之臣。管子宙合曰君立於左臣立於右君臣之分。左陽右陰以君在左。故二之所傷在左股也。故曰明夷于左股用拯者。與渙初辭同拯救也。助也。子夏作抍二動體乾乾為馬乾健故馬壯所謂用馬以自拯拔也。雖傷反吉象傳曰順以則也坤為順以則之。是承乾也。即取乾馬用拯之義。或謂二爻中奇即內文明之象。卦屬周文文居岐西紂都為左。故喻取左股。文囚羑里當時貢以文馬九駟是謂用拯實事義殊精切。

（占）問時運目下運不甚佳。頗有傷殘幸得祿馬相救故吉。○問戰征左營之軍不利幸馬隊得力得以轉敗為勝。○問營商按策畫不適時宜曰左計知其營謀不合時故有損失幸得有馬姓人出而調劑則吉。○問功名凡官級以降曰左似不利也唯值午年。或交午運則吉。○問疾病離二中虛。如陷井然。其人必陷入深坑傷其左足幸馬力壯健得一躍而出雖傷亦吉。○問家宅必有左邊

柱足損傷。宜急修治。○間婚姻離陰象。女子恐有足疾。不良於行宜配午命人

吉。○間六甲生女。

（占例）明治二十二年。占某貴顯氣運筮得明夷之泰。

爻辭曰。六二明夷于左股用拯馬壯吉。

斷曰。明夷象曰明入地中。是爲入夕之時。人生命運以嚮明爲盛以入夕爲衰。

今君占氣運得明夷二爻。推玩爻辭所云。恐君目下運限。未免有損傷刑剋。左

道邪僻之徒。切不可近行路時宜小心防左足有跌傷之患幷慮瘡疾。大運須

交午運乃佳或逢午年。或値五月皆利。

九三。明夷于南狩得其大首不可疾貞。

象傳曰。南狩之志。乃大得也。

三居離位之終。南者離之本位。狩者冬獵守地而取之也。自離而坤爲向西坤

傷明不可往。故曰南狩離爲兵戈不曰行師。而曰狩田。亦託言從獸以自海耳

按離卦上六曰王用出征有嘉折首謂魁首是惡之大者也今日得其大首。

則必是獸之大者獲其大而舍其小即聖人網開三面之意於此可見離明之

仁德也疾數也因狩講武固事之正然數數爲之非特犯從獸無厭之戒抑且

涉日討軍實之忌非用晦之道也故曰不可疾貞象傳曰南狩之志乃大得也

謂當此明夷之時猶得于田行狩私獵獻豣嫌隙不生得適其晦藏之志亦大

幸矣一說南狩謂即文王獵於南陽得遇太公以得大首喻太公也足備一解〕

〔占〕問時運大運不無破敗是宜退守交冬令從南出行必得大利○問戰征卦

曰明夷明白進兵必有傷敗宜潛兵從南而入離上爻曰王用出征有嘉折首

即合此占○問功名南方屬文明獵獸獵名皆期其得大首魁首也其必膺首

選乎故曰志大得也吉○問婚姻婚禮奠雁射雀亦取從禽之象得其大首者

謂得其嘉偶吉○問疾病當出避南方吉○問失物可就宅南尋之必得○問

六甲生女○問家宅此宅離位南向大首者一鄉之大富家也吉

〔占例〕明治十六年某商人來請占氣運筮得明夷之復。

爻辭曰。九三。明夷于南狩得其大首不可疾貞。

斷曰明夷明入地中離爲日日入坤土之中明受其傷。故曰明夷寞者傷也以

論人生氣運。是目下運被傷害本不見佳足下商人以商業論之當於冬季可

往南海道一帶收買貨物必有一種大檔生意可以獲利然不宜再往謂之明

夷于南狩得其大首不可疾貞後果得大利云。

○明治二十七年八月二十六日占平壤進軍筮得明夷之復乃贈之於某氏」

爻辭曰。九三。明夷于南狩得其大首不可疾貞。

斷曰此卦內卦日外卦地是大陽旋入地中之時古來說卦者以此爻爲武王

之事曰于南狩得其大首謂言周之伐商得其全勝今占平壤進兵而得此爻。

九月十五日我軍自四面圍擊平壤自南而北者爲大島少將之隊戰甚善少

將亦被銃傷此應在明夷夷傷也自北而南者爲佐藤大佐之隊得其大勝陷

牡丹臺逼玄武門遂殲敵將左寶貴敵軍悉潰十六日曉不損一兵而取平壤。

日南狩曰得其大首一一中的易理之玄妙如此。

六四。入于左腹。獲明夷之心于出門庭。

象傳曰入于左腹獲心意也。

四爻出離入坤坤爲大腹。按卦位坤在離之西爲左。入于左腹者即入於坤之腹也。入其腹中自可獲其心意。乃不曰獲坤之心而曰獲明夷之心。明夷者合全卦而言爲即用晦而明之心。是能卑順不逆。可效腹心之用者矣。出離也。坤方來。故曰入于離己退。故于出又初之六爲艮艮爲門庭門庭光明之地。于出門庭。亦即取用晦而明之義。一說于出門庭。謂即微子去之之象。明夷一卦。分配周與商亡。歷歷可證。

(占)問時運爻象出明入暗。知爲不利不宜居家。還宜出門。○問戰征可潛入敵之左營。探聽密計出告大營。可勝也。○問功名功名以高升爲吉入于左腹坤爲腹是入于地也不吉。○問營商釋名腹複也。富也。入于腹即入於富也獲心。即稱心也。于出門庭。是出家經商之象。○問疾病是病在心腹。恐是內損之症。

宜出門求醫。○問家宅此宅明堂左首路有阻礙出入不便。○問婚姻陰陽女家

腹已有孕不利○問六甲生女。

（占例）縉紳某來請占氣運筮得明夷之豐。

爻辭曰六四入于左腹獲明夷之心于出門庭。

斷曰時運宜陽不宜陰宜明不宜暗卦象曰明夷明入地中。是嚮暗入夜今得

第四爻。據爻辭所言料知貴下執事中必有腹非小人隱探貴下心意藉端生

事出告於長官致長官有疑於貴下途使事事多有掣肘此皆目下氣運之不

利也不如退身避禍後依所占轉懇友人陳告長官長官諸之。使之轉任佗局

云。

六五。箕子之明夷利貞。

象傳曰箕子之貞。明不可息也。

宋世家曰紂爲淫佚。箕子諫之不聽人或曰可以去矣箕子曰諫不聽而去。是

彰君之惡。而自說於民吾不忍也。乃披髮佯狂而爲奴逐隱而鼓琴即此可見

箕子之貞也。象傳曰內難而能正其志箕子以之五爻居上卦之中故屬之箕

子上承象傳之意以釋用晦之義象所謂內難者以紂爲同姓也所謂正其志

者即利貞也。象傳曰明可息謂洪範九疇其道萬古常明箕子能陳之於周故

雖暫夷而終必明也。是之謂明不可息也。

（占）問時運。目下正當困阨不失其正。久後必亨。○問戰征主帥不明。致有謀士

逃亡之象。○問營商必歷經艱苦方可獲利。○問功名時事日艱不宜于進只

宜退守。○問家宅主親族不和。○問疾病防有發狂之症。○問婚姻宜罷婚。○

問訟事。一時不直久後自然明白。○問六甲生女。

（占例）明治十八年。五月。應千家大教正之命筮佛敎之氣運。得明夷之既濟。

爻辭曰。六五箕子之明夷利貞。

斷曰佛法者印度之聖人了達三世其道法靈妙高遠。世界宗敎中。無出其右

者也。自足昭明萬世。終古不息今占得此爻爻辭曰箕子之明夷利貞箕子爲

紂庶兄。因紂無道諫之不聽。乃佯狂爲奴而避位。迨周興陳洪範九疇。御甚朝

鮮存殷之祀是其道雖夷而終明也。現在佛法運氣。亦猶是商道衰微之時。千

家大教正。猶是當日之箕子也。當守其教道之貞。以明其宗旨之傳。使釋迦之

聖德常明。菩提之宗風不滅皆賴大教正之力也。象傳曰明不可息也。斯之謂

也。於是千家大教正嘆曰嗚呼神佛二道氣運果如此乎。不勝感悟。

上六不明晦。初登于天。後入于地。

象傳曰。初登于天照四國也。後入于地。失則也。

上六居坤之極爲明夷一卦之主是謂昏君。故不明而又加之曰晦。管昏之又

昏者也。初登天。後入地是始之自曜其明。卒之明入于地。爲明夷之實象也。象

傳所稱文王箕子其聖德之光明。豈不足以照四國。而當日文王于羑里箕伴

狂爲奴。正所謂入地者是也。故明夷之世。昏君在上以入地者爲用晦登天者

爲失則彼世之不審時勢。而急求登進。光照未徧而身敗名滅。胥皆自取耳必

增補高島易斷

如文王之柔順蒙難箕子之內難正志斯為善處明夷者矣。明夷六爻皆教人

以用晦之方。昏君之凶不言可知。

(占)問時運。初運雖好後運不佳。萬事宜作退一步想方可无咎。○問功名宜晦

藏遯跡不宜自炫才華。○問營商貨價初次太昂落後太賤。顯有天淵之隔宜

得其平。○問戰征防攻山奪險有墜入深淵之患。○問婚姻有先富後貧之嫌。

○問家宅。此宅面對高山後臨深淵。殊嫌地勢低陷。○問疾病初患氣冲後又

下洩難治。○問六甲生女。

(占例)明治二十一年六月。余與坂田服部兩氏合謀製造攝縣土所於尾州熱

田。推坂田氏為社長。攝縣土製法密合石灰與粘土燒造而成。向來我國所用

皆仰外國輸入。每年約費數十萬圓設立製局。每年可減却十萬圓。且熱田所

製之品。優于外國大得聲價。二十三年春占該社之景況。得明夷之豫。

爻辭曰上六不明晦。初登于天。後入于地。

斷曰攝縣土製法。本係粘土石灰兩物合製而成。粘土取之汙濕地中。所謂入

地者是也。不取其潔白。而取其黑澤所謂不明晦者是也。此土出地歷經工匠。
融化鍛鍊猶如登天也。鍊成後用以糞墻築地。儼然後入于地也。該社製出之
品。工精物美可得遠售外國。即象傳所謂照四國也。玩爻辭之意合之攝縣土
之製造販行。歷歷相符。該社之盛行可必也。閱數月。復占一卦。仍得前爻。益知
神之所示。無有異辭。靈妙誠堪畏服。

增補高島易斷

風火家人

卦體巽上離下巽木爲風離日爲火木然生火故木火相生日氣成風。故風日相成皆由一氣之鼓鑄猶人生一家之生育也又火取其明風取其和倫紀修明門庭和睦取其象焉故曰風火家人且家人自明夷來明夷之卦當周興商亡之際周興肇自太姒商亡由於妲己國運興亡基於家政此家人所以繼明夷也。

家人利女貞。

利貞兩字爲家人一卦中關鍵自古家道之成敗罔不由婦人始也蓋賢婦則稱內助淑女乃能宜家賢而淑則貞也否則牝雞司晨維家之索是宜戒也易之全經上卦首乾坤乾爲父坤爲母是謂老夫婦卦備四德而不專在利貞下卦首咸恒咸爲婦道之始恒爲婦道之終咸象曰利貞取女吉恒象曰利貞无

咎。則知從一而終。婦人貞吉恒五爻辭以顯揭家人一卦之旨。蓋貞則吉不貞
即不吉。家人卦德專重夫貞貞之吉象專屬於女。故家人象首揭之曰利女貞。

象傳曰。家人女正位乎內。男正位乎外。男女正天地
之大義也。家人有嚴君焉。父母之謂也。父父子子兄

兄弟弟夫夫婦婦而家道正。正家而天下定矣。

卦象巽風離火。風順也。火明也。巽女下缺而順。離女中虛而明。明而又順。賢女
也。卦體皆爲女象。家道首重婦德。故象傳曰家人女正位乎內。男正位乎外先
女而後男言家人以治內爲先。男有室。女有家。人之大倫。即天地之大義。人倫
正而大義定矣。君尊也。一國之中以君爲尊。一家之中以父母爲尊。父道雖止
於慈而孝經亦稱嚴父。所謂教笞不廢於家嚴之謂也。母子之間過多由於溺
愛。聖人特以嚴訓使與父同風之柔從得其正。火之畏烈取其嚴。程子所云正

倫理篤恩義家人之道盡矣家人之中不外父子兄弟夫婦。一正而無乎不正。
所謂正一身以正一家。正一家以正一國以正天下者胥是道也。是哉
以此卦擬人事卦曰家人。象辭爻辭所言皆治家要道人事盡在是焉所謂女
正位乎內男正位乎外大旨以家內之事。女主之古來女子之賢最爲難得。女
之性陰。陰則或流爲險狠。女之質柔柔則或溺偏私閨門之不謹其禍有極於
敗亡而不可救者矣。象辭所以首重利貞也。然女之不貞其始皆由家教之不
嚴。象曰家人有嚴君焉所以重其責於父母也。初爻其女尚幼爲先立其閑二爻
則稍長當課以中饋。三爻則長成。故戒以失節內三爻女猶在家。約束不嫌其
嚴也。四曰順得其正也。五曰假爻相愛也。六曰孚本在身也。外三爻女已成家。
威如乃得終吉也。孟子所云女子之嫁也。母命之曰必敬必戒。無違夫子皆與
爻辭意相符合。蓋嚴取諸離。離火酷烈故家教以嚴爲主順取諸巽。巽風柔和。
故婦道以順爲正象傳曰風自火出。火固因風而熾而其燄自能生風君子法
之以爲言行言有物而無僞行有恒而無羞或語或默或動或靜皆爲人事之

大防。無風無火。天必不能行運。無言無行。人亦不能以成事。女正夫內所謂言

不出于梱行不履于閫者是也。男正夫外所謂言滿天下無口過行滿天下無

怨惡者是也。言行之臧否。人事成敗係之。即家道之隆替亦係之焉。故家人一

卦其義取男女。而象傳則曰言有物。行有恒。其旨深矣。

以此卦擬國家。家修即為廷獻。是家國本相通也。家人亦稱嚴君。是君父本一

致也。故讀關雎一詩。知王化啓於閨房。象辭所云女正位乎內者。斯之謂也。反

是則漢之趙燕唐之武變。靈幃瀆亂。國紀傷殘。身亡國危。禍延宗社。自古來女

禍類如斯焉。聖人憂患作易。故次咸恒而著家人。家人者。所以明齊家之道。正

家以正天下者也。君子治家治國。終不外言行兩端。言可信于一家者。即可信

于天下行則見于一家者。即可見于天下。朝廷之頒條教布政令者。亦猶是焉。

全卦六爻。下三爻為齊家之事。教家之始也。三爻為家齊之事。教家之終也。始

則立其防。終則要其成。極其道曰反身。大學所謂自天子以至於庶人。壹是皆

以修身為本。可知家國之本。即在此一身而已。

通觀此卦說卦曰萬物齊乎巽相見乎離齊者即所以齊家見者即可推而見
之於天下國家家人卦體離下巽上取此義也修齊之道端賴明德故象取離
之明江漢之化始自宮閫故象取風之自此卦所以名風火家人也卦爻巽長
女居上四爲巽主以從五離中女居下二爲離主以從三以陰居陰各當其位
長上中下各循其序從三從五各得其耦外陽內陰各司其職君子則風火以
爲言行修言行而乖家國一家之中夫制而婦從內明而外順恩惠行愛憎公
而後家可齊而天下可定也

大象曰。風自火出。家人君子以言有物。而行有恒。

巽爲風離爲火巽位在巳離位在午巳午皆火故有風自火出之象按康成則
傳見大風起詣縣曰某日當有火災宜廣設禁備至時果有火起左傳所謂融
風火之始也即爲風自火出之徵且風之發也瞬息而遍及火之起也傳然而
不盡喻言教化之行自內及外其機甚捷故曰風自火出家人考洪範五行火

以配言小畜諸卦。風皆曰行。故君子取象於風火。以爲言行。物事也。恒。常也。火

附物而生光。言有物而可則。風得恒而不易行。有恒而化成言行。君子之樞機。

風火天地之噓氣發遍見遠。其道相同。夫閨門之內。以恩掩義。以情奪禮所特

以懾伏家人者。唯賴此言行而已。敎化自言行出。言行又必自誠心出。誠則足

以化人。不誠則自適以階厲。君子處家。故於言行尤兢兢焉。

(占)問時運。風得火而愈狂。火得風而益熾。正是時運全盛之會。然入邪則邪入

善則善。言行之間。最宜加勉。○問營商。爾雅云。風與火爲庙庙聚也。有屯聚貨

物之象。爻辭曰。有物有恒。物貨物。恒。恒久。謂其物不容急售。過後可獲高價。○

問功名。風行遠。火炎上。有高升遠到之象。言行者。出身加民之具。功名可必。○

問家宅。防有火災。○問婚姻。家人一卦。象取夫婦。離火巽風。皆女。或長女爲姒。

中女爲娣之象。或爲兩姓對結之親。吉。○問疾病。是風火上升。痰多氣喘之症。

一時不治。○問六甲。生女。

初九。閑有家。悔亡。

象傳曰。閑有家。志未變也。

閑字。從門從木門內加木所以防外也。故訓爲防易文言曰閑邪存誠。謂防閑

其邪念。論語曰大德不踰閑閑也。謂闌止其出入。皆取禁止防範之意。初爻

處下卦之首爲家人之始。有家者孟子謂女有家。是專指女子而言閑者。如閏

有範女有箴皆所以敎誡之也爲女之始。先立其閑使知所謹守。而不敢隕越。

猶如蒙之必先養正也若家瀆而後嚴之志變而後治之則有悔矣。象傳曰志

未變也。謂其心志本明。未即邪欲閑之於初悔自亡也。

（占）問時運。目下好運初來正當自知檢束斯无災悔。○問戰征當行軍之始。正

宜整其步伐嚴其號令得以有勝无敗。○問營商是初次販運宜恪守商規。○

問功名是初次求名宜遵公令不得妄意干進。○問家宅此宅牆圍堅固門戶

肅睦治家者有條有則約束詳明至四年後可致饒富吉。○問疾病病是初起。

宜自謹愼保養必无災害。初若不治必致變症則難治矣。○問婚姻當初訂姻

好。知是家風清白閨門素謹可成。○問訟事初訟罷之則吉。○問六甲是初胎

生女。

(占例)二十三年十二月。友人某來請占商法成否筮得家人之漸。

爻辭曰。初九。閑有家。悔亡。

斷曰。風著物而鳴。火著物而然。是風火皆虛。必託於物而成形。猶商業必藉資本而成事。今占問商業。而得初爻。初者爲商業謀辦之始。我國自鎖港以前外商未通。一切商人皆守舊習。未能遠行。是以有悔。近始與各國貿易所當先定商規。熟識行商之利益。猶是女子初嫁。當先學閨範。能諳爲婦之禮敎。爲婦之道。在正家爲商之利。在裕國其義一也。若不習之於初。而茫然從事何能獲利乎。爻辭謂閑有家。悔亡。家之有閑。謹其出入。商之有閑。慎其出納。能守其閑自有吉无悔矣。象傳曰志未變也。爲通商伊始。陋習猶未變也。

六二。无攸遂。在中饋貞吉。

象傳曰。六二之吉。順以巽也。

无攸遂者謂婦道无成事无專制也。二至四互坎。坎爲酒食。故曰在中饋。謂朝
夕以治饔飧婦人之職也。二爻在婦妻之位備中正之德。應九五離明之主。是
能柔順得正。以從事九五中正之夫者也。蓋婦人之道惟在奉祭祀饋飲食而
已。不得干預外事。來蘋來蘩兩篇皆美其能誠奉祭祀。可知婦職專在中饋禮
所謂奉筥帚操井臼者是也。象曰女正位乎內即指此爻。象傳曰順以巽也。按
象傳稱順以巽者有三蒙之六五謂事師之道漸之六四謂事君之道此爻謂
事夫之道即孟子所云以順爲正妾婦之道也。

（占）問時運目下正當大運。但爻象重陰只宜因人成事。不能獨斷獨行。○問戰
征此是偏將。必非主帥。或是後營主管糧食軍餉最爲緊要。謹防毋失。○問營
商想是販連糧食生意吉。○問功名難以遂意。○問家宅此宅朝南宅主必是
婦人家事不能專斷唯竈基最吉。○問疾病幸胃口强健可以无害。○閨六甲
生女。

（占例）某縉紳來。請占氣運。筮得家人之小畜。

爻辭曰。六二无攸遂。在中饋貞吉。

斷曰二爻處下卦之中。爲離之主離象中虛權無專制離取鼎養。職在調羹爻體以順爻象屬陰。故只宜在內。而不在外也今占氣運得家人二爻知足下氣運平順但才力柔弱未得獨擅大權只可奉公從事或者授職宮內省正所優爲也吉。

〇明治三十年。占遞信省氣運筮得家人之小畜。

爻辭曰六二无攸遂。在中饋貞吉。

斷曰風火家人。風取其疾。火取其速皆言來往迅速也。輪船鐵道亦皆取力風火則知卦象所云正與遞信局事大旨相合。家人二爻爻辭曰无攸遂。在中饋貞吉无攸遂者。謂遞信皆代人傳送信物而已。在中饋者。謂郵函報告。鐵道販運惟以糧食爲重也。其事行諸國中達諸海外正內正外亦猶是也。故曰貞吉」

九三。家人嗃嗃。悔厲吉。婦子嘻嘻。終吝。

嗃嗃廣韻嚴厲貌玉篇嚴大聲嗃從口從高謂大其聲使人畏憚也嘻嘻玉篇

和樂聲嘻從口從喜謂和其聲使人喜悅也九三以陽居陽處下卦之極爲一

家之主剛嚴過甚過嚴則傷恩未免有屬是嗃嗃之過也若嘻則和樂無度過

和則害義終必見咎蓋治家之道嚴雖未得其中而要之家庭肅睦咸知敬畏

自不即於非禮故曰屬吉和則雖上下歡悅而荒淫佚樂流弊有不可勝言者

矣故曰終吝象傳以失不失對勘謂和而終咎不如屬而得吉也

(占)問時運運限平平終貴自勉嚴謹刻苦不自憚勞當必獲吉若一味取樂百

事無成○問戰征號令嚴明萬軍畏服繼不免殺戮過甚之患而所閧自得成

功○問營商想是外作商店內作住家內外齊肅家政嚴店規謹乃能獲吉否

則過和而流將有名可問者○問功名爻象專在宜家功名尚緩○問家宅此

宅家規嚴肅肅吉○問婚姻九三之應在上九曰有孚知兩姓无從咎○問疾

病

九三屬離爲火宜進凉劑雖危得愈〇問失物宜嚴急查問可得若寬緩則失矣〇問六甲生女

(占例)某縉紳來請占氣運筮得家人之益。

爻辭曰。九三家人嗃嗃悔厲吉。婦子嘻嘻終吝。

斷曰。九三以陽居陽剛嚴者也。處下體之極爲一家之長。是以剛嚴而督率家政也。剛嚴未必無悔然較和而流者其得多矣。足下占氣運今得此爻知足下禀氣剛強一生處世與卦象符合足下職掌政務悉以嚴厲治之。一時屬員未免怨苦而於一切政務悶不整肅自无疎忽紊亂之弊可謂允吉。

六四富家大吉。

象傳曰富家大吉順在位也。

離巽二卦爲二女。皆自坤生。坤爲富爲財爻爲戶有富家之象。六四。以陰居陰。爲上卦之首。與初相應。初曰閑有家。蓋保家有法。克勤克儉。日積月累至四而處上卦之首與初相應初曰閑有家蓋保家有法克勤克儉日積月累至四而

八〇〇

儀成富家也。故曰富家大吉。象傳曰順在位也。二四皆爲卦主。二日在中饋中

饋掌烹飪。離之位也。四日順在位順巽之位也。蓋婦以順從其夫得以致富自

能不失其職位也。

（占）問時運。目下正當盛運。已富者克保其家。未富者即發其財。大吉之象。○問

戰征。國富兵強糧餉充足。可進可退。吉无不利。○問營商。利市三倍。立致富饒。

吉可知也。○問功名。官爻與財爻相反。必須破財乃可成名。○問家宅。必是巨

室閥閱之家。大吉。○問訟事。財可通神。事無不了。○問疾病。必是身體肥胖膏

梁過度。所致藥之即愈。○問六甲生女。

（占例）近來余與友人謀創一業。占問成敗吉凶如何。筮得家人之同人。

爻辭曰六四富家大吉。

斷曰。我與友人謀事。則內卦離屬我。外卦巽屬友。離巽方位相同。可知我與友

意氣相合。二四爲內外卦主。可知我與友。亦各主一職。合以成事。今占得六四。

四居巽位。巽爲商。爲利。取象於巽。近利市三倍。得五倍。即可致富。此商家中

大吉象也。故爻辭曰富家大吉。得此占辭。決計立業。果得吉利。

九五。王假有家。勿恤吉。

象傳曰王假有家交相愛也。

九五王位。王者以天下爲一家。故推極言之。假與格同。謂感格也。五爻剛健中
正。位居至尊。與六四相比。與六三相應。四以順在位。二以順相從順則情性相
通。纏綿固結。交相愛悅。假之所由來也。一家之中父子兄弟夫婦。情意如一。王
者家大人衆。推之天下。無不各長其長各幼其幼。所謂王假有家。假之至矣。勿
恤吉者謂王者感化之神。勿用憂恤。而自無不吉也。蓋初爻閑有家之善。王
閑之爲家道之始至五曰王假有家。假其閑家之善有家是化家爲國。
化國爲天下爲王者之家。家道之終也。一說假大也。取假哉天命謂大哉天命
之義。王假有家謂王者大居正。故曰夫有家較四之富家前襄進矣。其競亦通。
(占)問時運運來福至。人心自然感通。何憂不吉。○問戰征王者之師所向無敵。

吉。○問營商想此商業必是奉公謀辨或是貢献品物爲王家之業也吉。○問

功名恰如渭水傳巖有夢卜感通之象吉。○問家宅此宅想是公卿巨邸吉。○

問疾病人身以心爲君五居巽木必是肝木太強生風心火生熱藥宜熄火定

風使心氣開通可勿憂也吉。○問婚姻有選入宮闈之象。○問六甲生女。

（占例）友人某來請占氣運筮得家人之蠱。

爻辭曰九五王假有家勿恤吉。

斷曰人生作事全憑氣運運苟不佳不特事多掣肘即一家中父子兄弟夫婦。

亦不見信如蘇秦不第歸來嫂不下機妻不執炊是也氣運一通不特下民信

服且有夢通良弼卜兆非熊忽來王朝之徵聘者是皆運爲之也今占得五爻。

五居尊位故稱于假格也勿恤勿憂也知足下大運當盛才志亦強一年半載

中必有使命下頒就家起用五與二相應二曰中饋饋食也祭祀或爲祠官主

祭祀或奉公采辨糧餉不須憂恤自能得吉足下可拭目待之。

上九有孚威如終吉。

象傳曰威如之吉。反身之謂也。

上九居巽位之極。巽二陽一陰。上得乾氣。乾爲信。故有孚。乾又爲威。故威如。且
巽風善入有威孚之義。離火可畏有威嚴之象。合上下兩體。以成其爻示人。可
因象以求義也。上與三應。三之嘻嘻和而失節。上之有孚則和順而能感人也。
三之嗃嗃嚴近於厲。上之威如則嚴正而若可望也。蓋上爲卦之終。敎家之道。
亦至上而成。故終吉。夫所謂正家者其道不自家始也。家之本在身。先正其身。
而家無不齊矣。君子不言而信。不怒而威。亦以誠身之道感通之耳。象傳曰反
身即大學所謂齊其家。在修其身之旨也。

（占）問時運得人信服得人敬畏事無不成。往无不利。可行於近。亦可行於遠。萬
事皆吉。十年好運。過此而終。○問戰征行軍之道有信則人不我欺。有威則人
不我狎。賞罰無私。號令必行。王者之師也。故吉。○問營商商有信則萬金可託有
威則百務皆修。商道之正也。○問功名。上爻處極位之地。必是身居上位信義
早孚。威望素著之大人也。○問家宅。此宅地位必高。爲一鄉之望也。吉。○問婚

姻。兩姓允從。吉。○問六甲。生女。

(占例)明治二十年。占某貴顯氣運。筮得家人之既濟。

爻辭曰。上九。有孚威如。終吉。

斷曰。爻居上位。適合貴顯之象。爻辭曰孚曰威。知威孚遍通夫上下。威望夙著

於朝廷。所謂不言而信。不怒而威。爲能得夫君子之道也。吉何如也。彖曰正家

而天下定。貴顯有爲象曰反身之謂。國之本在家。家之本在身。貴顯必能身修

而齊家也。氣運之吉。不言可知。

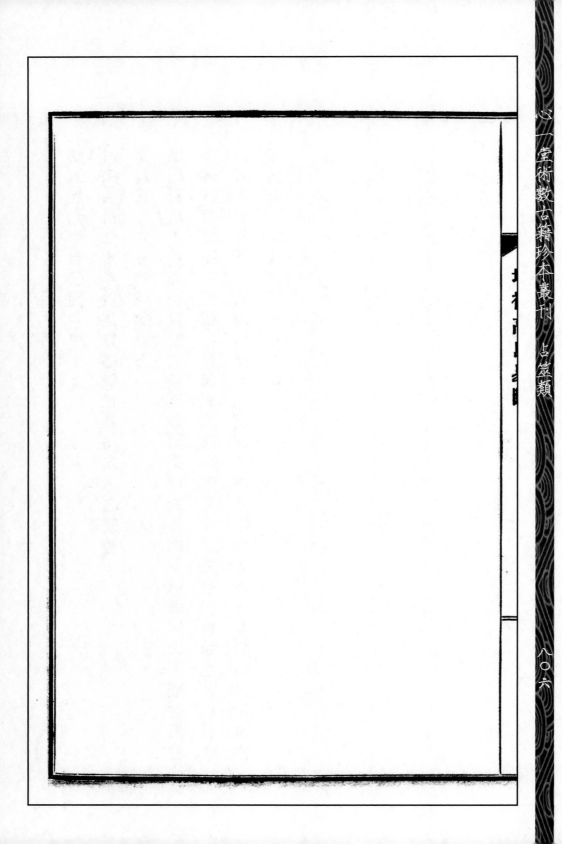

䷥ 火澤睽

卦體上離下兌。離火炎上。兌澤滲下。火動而愈上。澤動而愈下。上下相違曰睽。睽字從目。從癸。離爲目。癸屬水。澤亦水也。六畫故曰反目爲睽。睽。乖也。蓋澤在火上。澤火相濟而成革。澤在火下。火澤相反而成睽。此火澤之卦所以名睽也。

睽小事吉。

序卦傳曰。家道窮必乖。故受之以睽。睽者。乖也。睽則衆心離散。不可以興大事。若小事則力可獨任。不待衆擧。雖睽尚可爲也。故曰小事吉。睽卦上下互既濟。既濟象曰亨。小者亨也。謂所亨特其小者。此卦曰小事吉。吉亦唯在小事耳。兌爲小。故第言小不言大。要之乖睽之世。不足以成大事也。可知矣。

象傳曰。睽。火動而上。澤動而下。二女同居。其志不同

行說而麗乎明。柔進而上行。得中而應乎剛。是以小

事吉。天地睽而其事同也。男女睽而其志通也。萬物

睽而其事類也。睽之時用大矣哉。

離火在上。兌澤居下。在上者動而炎上。居下者動而潤下。无相成之道。是以為

睽。離中女。兌小女。合而成卦。謂之同居。上下異動。各適其適。即各志其志。不能

強同也。卦德以兌從離兌說也。離明也。麗有所附也。柔進者。巽在下而進於上

也。得中者。巽得中而應乎剛也。卦爻以六五下應九二。五居離之中。二居兌之

中。以上應下。居尊者能屈己。下降者得上交。雖處乖睽之時。而小有動作。尚得

吉也。夫睽之為言散也。散則人心離。國勢分。必不足成大事。似無可用。不知不

睽本無合。唯睽乃有以見合也。聖人即因其睽而用之。天高地卑。睽也。位定而

天地之睽者同。男外女內。睽也。禮定而男女之睽者通。耕不可衣。織不可食。車

不可水。舟不可陸。睽也。制定而萬物之睽者類。故曰睽之時用大矣哉。不言時

義。而曰時用。蓋應用取用。其為用也大矣。

以此卦擬人事。凡起居飲食暨婚嫁喪祭。皆為人事。事無論大小。無不貴乎情之相同也。志之相通也。物之相類也。卦體離火上動巽澤下動。離兌皆女同出於坤。是為同居。動則變。變則女而為婦所行不同。而志亦異。是動而成睽也。睽在天地。而天地之運閉。睽在男女。而男女之倫亂。睽在萬物。而萬物之品濟。大綱大紀寔以得吉乎唯君子以同而異。為能善用其睽也。用以設重黎之官。天地可因睽而同用。以行嫁娶之禮男女可因睽而通用。以定利用之經。而萬物可因睽而類。此火澤之用普。而人事之準立矣。

以此卦擬國家其卦曰睽。睽散也。是政府與人民。其勢有動而不相見。散而不相合者矣。睽之旁通為蹇。險也。因睽而不能濟險。更何以正邦乎睽之反卦為家人。家人內也。因睽而不能正內。更何以定外乎上卦離火火本就燥下卦兌澤澤木潤濕上下相背。燥濕各殊。是為二女同居。其志不同行。二女者就離兌二象而言。不特女之志行有異。推之天地萬物。而其情亦不能強同也。國家之

增補高島易斷

內。大而天地中而男女小而萬物同則見親異則見疏國運之治亂興衰罔不

於此卜之。然天下無久合不睽之理，天下亦無久睽不合之勢。用其睽以濟睽。

若徒麗而得正，進而愈上，中而有應，其事猶小，其吉亦微矣，要必同其撰而天

地之道乃宏也。通其情而男女之情乃洽也。類其族而萬物之利乃普也。其德

協造化之機，其功關治平之要，非同而異之，君子不能極其用也。

通觀全卦，火上澤下，上者動而愈上，下者動而愈下，背道而馳，不得相同，卦之

所以謂睽也。卦體下互重離，多視傷明。為睽上互坎坎，為心病，人各有心孚，則

通疑則睽，情莫親於家人。睽則為惡人，為鬼，為寇，或劓之，或射之，而不以為過。

下苟能悅以事上，上亦能明以視下，則疑釋而情親，即化而為夫，為崇，為婚姻

而不以為嫌，前之相疑若此其甚，後之相合又若此其切。睽合之機，即在此轉

移間耳。是以睽在內卦，皆疑而有待；睽在外卦，皆反而有應。初與四應，初之喪

馬。得四之元夫而合。二與五應。二之巷遇得五之噬膚而合。三與上應。三之輿

曳得上之遇雨而合。合則惡人化為同室。睽則家人疑為寇仇，恩怨反覆變態

大象曰。上火下澤。睽君子以同而異。

无常。君子以无心應物。不黨同。亦不伐異。初九見惡人而避咎。爲能得用睽之

道也。卦體二陰本柔內以悅而寬其憂外以明而破其疑所以始睽者二女同

居也。所以終合者。羣疑悉化也。卦睽而象合易所以變化不窮也。

卦象皆女同也。卦體爲火澤炎上潤下。其用各異。故曰睽。君子法之于同處見

其象于異處別其用不黨同以背道亦不立異以悖俗以同而異者譬如聲色

貨財爲人所同欲。而或去或受不敢苟同於人者是其所以獨異也此可見君

子之以同而異也。火澤同而炎潤各異其性者亦猶是焉。

(占)問時運目下運氣顚倒惟宜正以處之。○問戰征軍情不協上下異趣宜防

睽散。○問功名上下不通功名難望。○問營商貨價上落懸殊。能以人棄我取。

尚有小利可望。○問疾病病在上下焦。胸氣隔絕上有火下有濕醫治棘手。

問家宅。此宅天盤地盤皆動闔家上下不利急宜遷避○問婚姻有二女皆願

受聘大者性燥急。小者性寬柔。擇而娶之。○問訟事。即可罷散。○問六甲生女。

初九。悔亡。喪馬勿逐。自復。見惡人无咎。

象傳曰。見惡人以避咎也。

初居兌體之下。自家人上爻來。家人上曰終吉。故睽初曰悔亡。爻屬震。辰在卯。
上值房。房爲天駟。故稱馬。初動而上。舍我而去。故云喪。然四與初同德。他無正
應。姑聽其去。勢必復來。故云勿逐自復。下互離。離性猛烈可畏。故曰惡人。兌爲
見。離亦爲見。是離之惡人旣來求見兌。若拒而不見。未免嫉之太甚。必致咎也。
兌姑與之相見。如陽貨欲見孔子。孔子以禮往拜之旨也。故得无咎。蓋失馬而
逐之。愈逐愈逸。見惡人而激之。愈激愈乖。是以勿逐而自復。見惡人而不避。可
以免咎矣。能以無心而應物。則睽無不合也。象傳曰以辟咎也。蓋不以避爲避。
避而有咎。則以不避爲无咎可知也。

（占）問時運好運初來。災悔已退。雖有喪失不必計慮。即有惡人來侵。不必拒絕。

自然无咎。○問戰征初次開戰雖有小敗後必大勝。強敵亦不能害我也无咎。

○問營商新作貿易失而必復。無須憂慮也來者不拒無須計較也目下未見盡利後必大亨問功名現下雖無災悔未得成名必待明年。至二爻得其巷遇斯獲顯達。○問家宅闔宅平順無悔無咎。○問失物不必尋覓自得。○問婚姻現下未成待到六月。或到六年必就吉應在上九匪寇婚媾之辭。○問訟事所訟必直。无咎。○問六甲。生女。

（占例）友人某來請占運氣。筮得睽之未濟。

爻辭曰。初九悔亡。喪馬勿逐自復見惡人。无咎。

斷曰此卦火性上升。澤性下降。彼我之情不洽。名之曰睽。睽者違也。今足下占氣運而得初爻。地位處最下孤立无應。可知足下夙性孤高寡與得失勿較即有素所心惡之人彼苟有求而來。亦不至拒而不納以初爻處兌之始外卦為離。兌悅也。悅而又明必能識人善惡又復和光同塵。不為過甚卦象睽不終睽。故得无悔无咎二爻曰遇主于巷足下至明年。必有登進之望。

九二。遇主于巷。无咎。

象傳曰。遇主于巷。未失道也。

主者君也。指六五而言。巷。里中道。從邑。從共。謂里中所共往來者也。二處睽失
位。所如不合。與五正應。二居兌中。五居離中。兌離皆為見。知二五均有相見之
意。邂逅於巷。是不期遇而適相遇也。君臣相遇睽而終合。合何有焉。象傳曰未
失道也。謂不假遠涉。自得相遇於巷。巷道路也。即論語所謂遇諸塗者是也。

（占）問時遇其卦值乖睽運本不佳。近始得有絕好際遇。往必有慶。○問戰征二五
相敵內為我兵。五為敵兵。曲巷相遇。白双相接。此戰未分勝負。○問營商巷字
從共。必是合夥共謀之業。當有一財主相遇。共為經營之象。○問功名。正是風
雲際遇之時。○問家宅。此宅在曲巷之內。近有貴人來會。相晤為歡大慶。○問
疾病得遇良醫无咎。○問婚姻。詩所詠邂逅相遇。適我願兮。此男女私情。非正
配也。○問六甲生女。

（占例）明治二十三年。占文部省教育準則。筮得睽之噬嗑。

爻辭曰。九二。遇主于巷。无咎。

斷曰此卦火性上炎澤性下潤以上下懸殊故名曰睽。今占教育準則。而得二

爻。二爻處睽失位將无所安譬諸近時文部省之教育專以歐米爲法以智與

理爲主我國舊時道德之教亦同二之處失位幾將委棄不用也凡留學歐洲

生徒歸朝之後各爲教師以教育子弟。在此輩生徒本不知我國古來之教教

綱紀重名分自足卓立萬世培育羣材者也迺厭故喜新如陳相之見許行盡

棄其學而學焉又相率我國子弟一從其教。余實憂之爲撰道德本原一篇明

治二十三年十月十八日。請謁山縣總理大臣。乃陳述其說是日各縣知事。亦

適在坐咸相傾聽大臣曰子之所論切中時弊。命余往謁芳川文部大臣。余即

日謁文部省復申前說閱日　天皇召問二大臣遂下教育之勅以余鄙論上

達　天聽何幸如之爻辭所謂遇主于巷者適相合也易理先機神妙如此。

道德本原節略。

大旨昔者我邦以神儒佛三道為道德之標準維持世道人心自西學日興舊

學日廢若不究其由來未足施救濟之策也以余所見仁義忠孝節操廉恥八

字實為儒道之要旨明治八年中文部省議廢漢學科以斥儒教厥後政略所

及迄至今日陷溺日深在文部省亦初無廢意因固定各學科年限卒業諸問於

漢學教師教師答曰洋學非我所知在漢學雖生涯專修未有窮竟難定年限

因之議廢余謂此迂儒之論也豈不問孔子所云十五志學三十而立孟子所

云幼而學之壯而行之是學皆在幼時三十日壯則行所學以濟時也程子謂

中庸之書善讀者玩索而有得終身用之有不能盡不言終身學之而不盡其

於普通科豈無卒業之期哉俗儒不知時務妄作迂論遂至切要之學廢置不

講以致今日之禍罪不容于死雖然文部省亦有罪焉當時俗儒雖有此議必

係心醉西學不識道德之本原其在文部大臣以下滿朝名臣賢相皆出于漢

學之門何以頓忘此躬脩之實學乎實為遺憾語曰上之所好下有甚焉者從

此浮薄子弟蔑視漢學不知伊於胡底道德凶而廉恥滅小則判一身之邪正

中則關一家之盛衰大則係天下之安危其害有不可勝言者矣旣往不可復
咎爲今之計同狂瀾於旣倒以矯正世道人心上安天子之宸襟下增國民之
福利道德之教所關甚鉅地方長官已具文申詳文部大臣定以儒教主義爲
後來學科之準則講究儒教主義德之本原實今日之急務也設定二種敎育。
一曰眞理一曰現理眞理者出於天理之公合夫性命之正即所謂正心誠意
修身之學形而上之之敎也現理者成于人類之私得夫氣形之利即所謂立
身興家富國之學形而下之之敎也古人曰衣食足而知禮節又曰無恒産者
無恒心實人世之常態此眞理現理二種不可一日或缺者也其略如此。

六三。見興曳。其牛掣。其人天且劓。无初有終。

象傳曰見興曳。位不當也。无初有終。遇剛也。

上互坎。坎爲興下互離。離爲牛无初有終。遇剛也離亦爲見上下互旣濟旣濟
初有曳輪之辭故曰見興曳掣爾雅釋訓掣曳也。即牽掣之意興指三。曳

指四擊指二三居上下之交其位不當四曳之二擊之是曳其輿於前又擊其

牛於後也天胡氏安定謂天當作而篆文丙與天字形似即禮髡刑日而劓截

鼻也髮屬心而主火鼻屬肺而主金此爻兌金值離火金火相剋故有髮鼻受

傷之象兌爲刑人故曰其人而且劓三爻處下卦之終當睽違之時以陰居陽

履非其位與上相應上居離極離火性烈不合則相傷合則相得遇雨疑亡睽

終合矣故曰无初有終象傳曰遇剛也剛指四即上之遇雨也四互坎坎爲雨

四又中立不倚故曰剛謂四能釋上之疑使之終合也

増補高島易斷

（占）問時運運不得當恐有刑傷之災三年後得有好運○問營商與人不合非

特不能獲利防有刑獄之厄待後可成○問功名左擊右肘動輒得咎安能成

名晚運則佳○問戰征車說馬逸兵敗將亡不能前進必待應軍得力得以始

敗終勝○問婚姻初因男家疑忌未免受辱終得疑釋完好○問家宅此宅地

位不當前後左右皆有牽制宅中之人時有頭面傷殘之禍以朝山向午離火

來剋宜改向朝西兌位乃吉○問疾病必是面上有瘡久後自愈○問訟事不

免刑厄。終則自解。○問失物後可尋得。○問六甲。生女。防面有傷痕。

（占例）一日友人某氏來曰某貴顯托僕以一事請占其吉凶筮得睽之大有。

爻辭曰。六三。見輿曳。其牛掣。其人天且劓。无初有終。

斷曰彖辭謂睽火動而上澤動而下上下相背。是以成睽又曰男女睽而其志

通是初睽而終合。即三爻所謂无初有終之旨也。今足下代占而得三爻三爻

曰見輿曳。其牛掣。其人天且劓。无初有終。玩爻辭謂人在輿中。曳者欲前掣者

欲後。前後牽引不得上行。且有面鼻受傷之象。卦體則爲女子。料知某貴顯所

委託者。必爲女子之事也。初次向說必有上下之人阻隔致生紛爭所委不成。

足下對某貴顯亦覺面無光彩。象曰遇剛。看來當再挽一剛直之人與之幫說。

事乃得合。故曰无初有終貴顯覺一小星。本屬小事。象曰小事吉終必有吉也。」

○明治二十九年冬至占三十年農商務省施政實況。筮得睽之大有。

爻辭曰。六三。見輿曳。其牛掣。其人天且劓。无始有終。

斷曰玩爻象。牛本足以駕輿曰曳曰掣。是反爲棄制不能前行也。輿不能進欲

增補高島易斷

強行之。其人反遭損傷之患。爻象如是。今占農商務省施政實況。而得此爻。我

邦欲法歐米各邦農商之實例。施之內地。奈富商安於坐食。不願航海遠行。賈

商欲行而苦無資本。今雖絲局茶廠仿用器機。無如販運外洋。或爲關稅所困。

或爲船險所阻外洋貿易。迥與內地不同。農業我國土地狹隘以人口之半爲

農計之。一人僅不遇二段。是以歐米便宜之法。施之內地。實不能用。若強用之。

皆歸游手無產之徒。害尤更甚。唯北海道新墾之田可用耳。及一切雜項商務。

亦多不便於行猶是火炎上。澤潤下。兩不相洽。終必睽乖而不合用也。幸農商

務省曲爲設法使老練者與工業附商品給以一定之商標。俾各品得以信用。

又獎勵富商。使之興海陸保險會社。銀行支店以奮起商業。可得漸見有効。謂

之无始有終。

九四。睽孤。遇元夫。交孚。厲无咎。

象傳曰交孚无咎。志行也。

四居離卦之始。離爲目。說文曰目不相視爲睽。孤謂獨立無輔也。其情既睽。其勢

又孤。故曰睽孤。元夫。指初四。與初所處之時。同在睽也。所居之位。同在始也。其

象同。故其志同。四以无應。得初。故爲同志。初在卦首。故稱元夫。四陰位。初陽位。故四

以初爲夫。且初震爻。震爲元夫。故曰遇元夫。四變損。損曰有孚。四之五爲中孚。

中孚五爻曰有孚攣如。有交孚之象焉。故曰交孚。屬无咎。謂時當睽乖。幸而得

孚。雖屬无咎。象以志行釋之。謂四之志得此交孚。乃可行也。

（占）問時運。性情孤介。不合時宜。幸得同志。差足免咎。○問戰征。孤軍深入。幾致

危殆。幸而獲救。可以无咎。○問營商。孤客遠行貨物。不合銷路。進退兩難。得遇

故鄉舊友。方可脫售平安无咎。○問功名。命運孤寒。難望顯達。无咎而已。○問

家宅。宅在孤村僻壤。唯有樵夫野老。來往而已。○問疾病。病是目疾。得遇良醫。

可以无咎。○問六甲。生女。

（占例）明治二年十二月晦。余借海軍省蒸氣船飛龍丸。運載支那米。赴南部宮

古。臨發筮得睽之損。

增補高島易斷

爻辭曰。九四。睽孤遇元夫。交孚。厲无咎。

余臨事。每自占筮以爲常。特此爻无咎之言。不復介意。乘船之後。平時忙碌之

身。變爲閒散。追念昔年在南部狎昵一妓擬待抵埠登岸招呼侑酒船長等驚

艷稱奇同爲一醉。一涉痴想夜不成眠閱三日船抵宮古號砲一發村吏來迎。

中有舊友二人遂竊告之。使彼往招。旣而牽衆上陸。剪燈置酒團坐會飲頻番

催呼答而不來。甚爲失望。夜深客散。乃拍手遽問。此妓出日姜來此久矣。自媿

醜不堪侍娛。故不入也。余亦驚駭曰何老至此也。既復沈思。蓋相別已十八年

矣。易曰老妻士夫可羞可笑。妓復泣告曰近因羅疾。容顏頓變。生機亦窘。有死

而已。余追思往昔未免有情。誰能遣此。乃贈米二十苞。付以勞書。彼深喜而辭

去。是適符睽孤遇元夫交孚屬无咎之象也。

六五。悔亡。厥宗噬膚往何咎。

象傳日。厥宗噬膚。往有慶也。

五居君位。時當睽乖。故有悔。崇指二。五與二應。五處離中。二至三為離。離與離

合。是崇也。二曰遇主以五為主。五曰厥崇以二為崇。是君臣會合也。故悔亡。二動

體噬嗑。噬嗑二爻曰噬膚无咎。按膚謂脅革肉。為柔而易噬嗑。合也。二居柔位。

猶言柔而易合。膚肉猶骨肉也。蓋指厥崇而言。大宗伯以飲食宗族。

弟。即此厥崇噬膚之義也。二往得食。故有慶。合族以食。復何睽。二五交孚。故悔

亡而无咎。

(占問)時運。劣運已退。得與同崇中共事。可以无咎。○問戰征。可勇躍前往。无咎。

○問營商防合夥者有侵食之患。然徑行而往。終得有利。○問功名得有同崇

相助。乃能獲慶。○問家宅此宅是宗族舊屋。往居有慶。○問疾病是肌膚之疾。

易治也。○問婚姻二與五為正應。是親戚舊家。成則有慶。○問六甲。生女。

(占例)明治二十三年春。占眾議院。筮得睽之履。

爻辭曰。六五。悔亡。厥崇噬膚。往何咎。

五為君位。二為臣位。二五相應。即見君臣相合。相合則言聽計從。有會議之象

焉。卦名曰睽。睽乖也。違也。知會議必有睽異不合者。厥宗者議院有二。上曰貴

族院。下曰眾議院。貴族院。多是同姓諸侯。眾議院。亦間有同姓臣庶嚙膚者。謂

議成得以酒食會飲也。五。鬮居尊親二。二得荷寵事五。可見上下之志得因睽

而通也。

上九。睽孤。見豕負塗。載鬼一車。先張之弧。後說之弧。

匪寇婚媾。往遇雨則吉。

象傳曰遇雨之吉。群疑亡也。

上居外卦之極。孤高獨立。故亦稱睽孤。上互坎。爲疑。爲豕。爲車。爲鬼。爲孤。皆坎

象也。離爲目。爲見。兌澤汙下。象。塗泥。因睽成孤。因孤生疑。本未嘗有豕也。未嘗

有鬼也。睽則目視不明。而疑心暗起。若見有豕之負塗焉。若見有

車之載鬼焉。積疑成象。變端百出。疑鬼者。忽又疑爲寇焉。則將張離之弧而射

之。既而諦審所見。先所爲豕邪。鬼邪。寇邪。忽又變矣。上變歸妹。則婚媾也。先之

張孤後即脫之矣。坎又為雨。故曰遇雨。上處離極火烈烟騰不可向邇。遇雨則

火熄可以往也。故曰往遇雨則吉象以疑亡釋之謂群疑消亡見聞皆真睽孤

自合矣。

(占)問時運。正當交運脫運之時。切宜息心定慮。毋動妄想妄想一端。幻形百端。

防生疑病。〇問戰征營位太高軍力太孤防有疑兵來襲。〇問營商目下貨價。

變遷百出上落不一時當午夏。來客稀少必待秋雨一通可以獲利。〇問功名。

現在牛怪蛇神變動不一。待十年後出塞入解可許發解。〇問婚姻。前因疑忌

不睦後得完好吉。〇問家宅。此宅有變防有鬼祟遇婚嫁喜事可以解釋。〇問

疾病杯弓蛇影因疑成病得破其疑病自霍然。〇問六甲生女。

(占例)東京大家某氏夫人偕女訪余別莊曰良人頃患氣鬱之疾醫藥無効養

嗣某即為此女之夫性游蕩不克承家妾等實所憂慮請幸一占筮得睽之歸

妹。

上九日睽孤見豕負塗載鬼一車先張之孤後說之孤匪寇婚媾往遇雨則吉」

增補高島易斷

斷曰卦體下兌上離炎上者動而愈上潤下者動而愈下上下不合故卦為睽

卦象為二女同居其志不同行又曰男女睽而其志通是以內三爻言睽外三

爻言睽而合是始睽後合之象也上九居睽之極因疑生睽愈睽愈疑目之所

見積疑成象家也車也鬼也寇也恍若歷歷在前實則一一皆幻天下事杯弓

蛇影因疑兆禍者類如斯也今夫人為尊君之病患與養嗣之行止特來請占

筮得睽之上爻知其病之由來與所占之本意皆由猜疑一念而生也尊君為

養嗣不克承家日夕疑慮以致火氣上沖濕氣下鬱上下不通遂成是疾雨者

下降也病得大小便一通自然安愈君家養嗣余所深知文學志操迥超流俗

緣其性情風雅偶或招妓置酒怡情於花柳之場此亦雅人深致何足為怪夫

人等因之生疑始則猜忌繼則交謫終則反目一切所聞所見如爻象所謂家

車鬼寇悉現其形凡床第間恩愛之私雲雨之夢久已睽隔斯疑益疑睽者

益睽男女之志必不通矣上居離火之極極則必反炎上當反而潤下為雨夫

人等亦宜反而思之務勸令媛溫柔以接之兌悅以事之如物之枯者得雨而

復蘇則睽不終睽矣。象所云男女睽而其志通也。正合此占。

○明治二十四年四月十日。余清晨無事。間閱新聞及雜書。未幾意倦。抛書而

起。愛此風日晴和。遊興頓發。將赴近縣探賞春光。臨行偶試一筮。得睽之歸妹。

爻辭曰。上九睽孤。見豕負塗。載鬼一車。先張之弧。後說之弧。匪寇婚媾。往遇雨

則吉。

斷曰。爻辭曰。睽孤。猶示余孤身獨行也。曰見豕載鬼。張弧說弧。言其目見之無

定形。猶示余游跡之無定所也。余是日出游。憩息於神奈川停車場。或赴橫須

賀。或赴箱根湯本。意猶未定。至登車乃決往箱根。車中適遇東京舊友某氏赴

大阪。並坐談易。興味頗好。余遂改意趨大阪。翌日食後出游市中。將就書肆閱

覽古書。乃過心齋橋訪鹿田書店。問以易書珍本。主人出示松井羅州所著周

易解故。此書余往年偏覓不得。今得購之。又示以松井氏所著周易釋故。及直

勢中洲所著周易大傳等。是皆讀易家所珍。書面有小島氏藏書一印。余叩其

出處。主人曰。昨購於西京古書肆。此書皆係小島氏舊藏。氏沒後。其子不能讀

父書。故鬻之。余曰。如子之外。猶有同購者乎。主人曰西京麩屋町。書林某。及東

京書林某。相與分買之也。余乃悉以其價購之後赴西京。又就麩屋町書肆。凡

小島氏遺本又悉購之。歸東。訪書肆琳琅閣。又得小島氏易書三種於是小島

氏遺書悉皆歸余。余益感易辭之精切也。爻所謂載鬼一車者。非鬼乃舊也遇

雨者。舊雨也。即車中所遇之舊友也。所謂遇雨則吉者此也。

水山蹇

䷦

序卦傳曰睽者乖也。乖必有難。故受之以蹇。蹇難也。蹇與睽不相對而適相似。離在上。兑在下。澤欲潤而火自上燥之。用相反也。故爲睽。坎在上。艮在下。水欲流而山自下止之。用相阻也。故爲蹇。此蹇之所以繼睽也。

蹇利西南不利東北。利見大人貞吉。

坎位北。艮位東北。天氣由北而東。而南而西。日月出於東。沒於西。天之行也。卦體內艮外坎。自東而北逆天而行。是以爲蹇。蹇自睽來。艮坎位在東北兑離位在西南。就東北是本位。則難上加難。故不利。就西南是睽位則可以濟難。故利。且自東北而西南爲順天。天順者必利大人。即離明繼照之大人也。明足濟蹇。故利見道得其貞。吉無不利。

象傳曰蹇難也。險在前也。見險而能止。知矣哉。蹇利

西南往得中也。不利東北。其道窮也。利見大人。往有

功也。當位貞吉。以正邦也。蹇之時用大矣哉。

卦體下艮上坎。坎者。水也。艮者。山也。水在上山。山在下坎爲險。故曰險在前下互

離離爲見艮爲止。故曰見險而能止。就艮而言象取能止。就蹇而言義取能往。

故爻辭多曰往蹇利西南離正南兌正西說而又明可以出離故曰往得中也。

東北蹇之本卦。是以難入難故其道窮也。知其所往則利不知而誤往爲則不

利知矣哉三字。是爲處蹇者警醒之也。大人者謂其位居至尊德足濟蹇。故凡

有事於蹇者所當利見往而見之。不特可以平蹇且可以見功也故曰往有功

也。二至上皆當位得正貞吉謂五也。五爲蹇主所謂大人者。正已而正物者也。

故曰正邦孔子論興邦曰知難蹇難也。五大蹇爲知難之君。餘爻皆曰往蹇是

群策羣力爲能相助以圖蹇也蓋處之時不貴知蹇而終止貴在用蹇而前往

斯蹇之時可濟。而蹇之用乃大故曰蹇之時用大矣哉。

以此卦擬人事。蹇字從足。從寒省。與謇騫字相類。皆有難義。蹇。說文蹇。謂足偏
蹇。不良於行。而又值險在前。故爲蹇。難也。凡人當蹇難之際。進退趑趄。皆有
偏跛不前之象。此卦之所以名蹇也。卦象爲山上有水。水在地則平。在山則險。
人見其險。而裏足不行。則險止於此。人亦止於此。雖其知能避險。其將何以濟
險乎。爻辭皆曰往蹇可知蹇之用。不在能止。而在能往。故曰往有功。然往亦宜
審其方嚮。北坎方。東北民方。坎水民山。仍爲蹇難之方。往之則不利。是謂其道窮
也。西南坤方。坤爲地。爲康莊之地。往之則利。是謂往得中也。有位者謂大
人。有德者亦謂大人。當此艱險在前。不辨向往。見老成熟鍊者。示我周行。斯
往有功也。當位謂當其方位。正路而行。自然獲吉。蹇既得出。人事乃亨。亨則小
可以正身。大亦可以正邦。際蹇之時。因蹇之用。不以蹇而傷其窮。轉以蹇而大
其用。故曰蹇之時用大矣哉。

以此卦擬國家。卦以五爻爲主。五居尊位。爲君。爻曰大蹇。是當國家之大難也。
坎爲溝瀆。爲隱伏。隱處而有溝瀆。是陷井也。民爲徑路。徑爲路之至小至狹。是

増補高島易斷

山間鹿兔之蹊。亦險地也。卦象爲險。卦名爲蹇。國家當此。顯見水阻於上。山阻

於下。梗塞不通。致化不行。爲國步艱難之會。則足以圖蹇有功者。惟在此五爻

耳。象所稱利見大人者指五爻而言。五爻能度其往之方位。審其方之利害并

妙其蹇之功用。故諸爻曰往五爻曰來。謂能集朋來之力。以濟大蹇之時。內而

正身外而正邦。非大人不克臻此。

通觀此卦卦體以坎上艮下爲蹇。易位則爲蒙。蒙象曰山下出泉。泉之初出貴

養之以正。蹇象曰山上有水。水之有險貴往之得中。得中則知險知往。

知往則能知利與不利。而所往不誤斯蹇可濟矣。自來處蹇而能用蹇者唯在

當位貞吉之大人下。此有事於蹇者皆當利見夫大人所謂大人者。即指爻中

之九五也。五爻又知蹇非獨力所能濟。五與二應。是以五曰大蹇。二曰蹇蹇。孜

孜矻矻以共濟艱難。惟恐少後。蓋五者君之道民之危。猶己之危也。二者相之

道君之憂猶己之憂也。以身任天下之重者固當如此也。若徒效保身之哲。踏

河入海。措世事於無聞則就能力濟此蹇乎。即在初上三四六均有世道之責。

或反而安。或速而濟。或見而碩。俱欲舉天下而治之。在來譽之賢。猶冀其有待。

聖人之不能忘天下固如是其至也。然天下非一人之事。濟天下非一人之力

所能。君必網羅人材以收羣策羣力之效。臣必靖共爾位以盡汝爲汝翼之功。

然濟蹇者才。而所以濟蹇尤在夫德。象傳曰君子反身修德。有其德則自足化

險自足以靖難。明夷傳曰蒙大難文王以之。此可見文王之德之純也。文王爲

西南之吉象曰利西南。其以此也夫。

大象曰。山上有水蹇君子以反身修德。

山上有水爲蹇。蹇反卦解之象曰。雷雨作。雷雨自上而降。雨降則山上之水

必隨而降。則蹇可解矣。君子法之以反身修德。不憂其之難解。惟慮其德之未

修。坎爲悔有反悔之意焉爲民爲慎德之義焉。孟子曰行有不得者反求諸其身

而已矣。此之謂也。

（占）問時運運當艱難宜加奮勉。方可出險。○問戰征。入山窮水復雜之地。進退

兩難。宜率六軍戮力向西南進攻。方可獲利。○問功名。坎險艮止。功名有阻。反
身加勉。五年後至上爻。象曰利見大人以從貴也。成名可望。○問營商。水在山
上。則水蓄而不流。有財不流通之象。營商者難之。○問家宅。此宅傍山防有山
上來水冲落。致損墻屋。宜改易其朝向。乃利。○問婚姻。山水本兩相爲偶。山下
水高則爲失偶。故有蹇不成則已成亦必有反悔。○問疾病。蹇爲足疾。涉水登
山必不能往行也。○問失物。宜反從身上尋之。○問訟事宜自反而罷訟吉。○
問行人。被中途發水所阻。大有險難。他日空身可歸。○問六甲。生男。

初六。往蹇來譽。

象傳曰。往蹇來譽宜待也。

初爻居艮之下。當蹇之始。往蹇者往就蹇地。在初去蹇猶遠可以不往乃不避
險阻敢於犯難在五祝之初。能首倡赴義。開朋來之先聲。問足嘉譽。象傳曰宜
待也以爲輕身嘗試徒博一時之譽。不如沈機觀變。待時而動斯得濟蹇之實

功也。

（占）問時運。好運未來。宜謹守以待。○問戰征。有險在前。未可進往。宜暫退守。○問營商。售買之處。適有危。不可販貨前往。須暫時待價。○問功名從軍效力。皆冒險犯難獲邀獎賞。故曰來譽。○問家宅。地位險阻遷居不利。○問疾病在初起。不必急往求醫。宜退而自養。○問婚姻不必急就還宜待吉。○問失物緩之可得。○問六甲生男。

（占例）友人某來因一事進退未定。請卜以決之。筮得蹇之既濟。

爻辭曰。初六。往蹇來譽。

斷曰。卦名曰蹇。蹇難也。卦爻在初。是初次遇難也。爻辭曰往蹇其往就難地也。日來譽稱其勇於赴難也。而象傳則曰宜待。蓋謂輕身嘗試。不如待時而動也。玩釋爻意。其於臨難進退之機。歷歷明示。足下所問一事。爲進退未定。得此爻而昭然如揭矣。神機發現。不爽毫釐。神妙如此。

六二。王臣蹇蹇。匪躬之故。

象傳曰。王臣蹇蹇。終无尤也。

王指九五。臣指六二。二居下卦之中。上應九五。爻互重坎。故曰蹇蹇。謂其涉蹇
以濟蹇。有鞠躬盡瘁之忱。諸爻皆言往。猶以爲國難而往赴之。二則直以國事
爲己事。犯其難而不顧也。象傳以終无尤釋之。謂其能致身事君。夫復何尤。

（占）問時運。目下運氣齟齬。險難重重。主一身勞碌。○問戰征。防軍入險地。身被
重圍。有麗士元落鳳坡之象。○問營商。爲內地運貨。中途被水。有人財兩失之
患。○問功名。爲急公求名。名成而身莫保。邀身後之榮。○問家宅。此宅在艮山
之中。向朝東北險。既重不利。○問婚姻。二應五。主結貴親。防後日夫君有難。身
命難保。○問訟事凶。○問行人凶。○問失物。終不可得。○問六甲。生男。

（占例）明治十三年某月。予過訪東京某紳士。互敘久濶。主人曰。近因小兒爲商
務負債。日夕奔走措置。予甚憂慮。予曰。此等債務憂。亦無憂。當善謀一置處之
方。無已不如占問一卦以決可否。於是主人自執筮蓍。予代爲祈禱。筮得蹇之
井。

爻辭曰。六二王臣蹇蹇。匪躬之故。

斷曰。蹇者多難之卦。二爻爲下卦之主。是身任其難者也。令郎爲商業負此巨債。不能不前往理處。無如債累重重。一時終不能了。今占得蹇二爻爻辭曰王臣蹇蹇。非躬之故。蹇蹇謂其事難而又難。非躬之故。謂其債因商業而負非一身之故也。玩前後爻象。三爻以來反爲喜。知三爻不能相助爲理四爻曰來連。能與以爲連手五爻爲卦主。是營商正主。或成訟則爲裁判長官曰朋來謂招集債友共相商議象曰中節節省也。謂節減債欵以了事上六則爲局外之長者。前來居間調劑也。據此現宜從初爻之辭暫爲退待以俟機會毋許勞勞某紳士深感易之妙。後果如占所云。

九三。往蹇來反。

象傳曰。往蹇來反。內喜之也。

三爻居內卦之上。爲艮之主。當上下之交。與坎爲隣。往蹇者謂往赴五之大蹇。

五以三陽因當位使之來反以治其內三本見險而止。喜退而不喜往也。其往

也。爲迫於諸爻故同往其反也。爲得自全故有喜三動變爲比比之自

內。故象以內喜釋之。

(占)問時運。運值多難。前進不利。不如退守。○問戰征有軍出復旋師之象。○問

營商有去而不來販貨復回轉銷內地之象。○問功名爲出使在外改名內用

○問家宅此宅。後靠山前臨水。初欲他遷後復歸來得以團聚爲喜。○問婚姻

前欲他適後得歸來可喜。○問行人即日來喜。○問失物失而復得。○問六甲。

生男。

(占例)明治二十三年。占國運筮得蹇之比。

爻辭曰。九三往蹇來反。

斷曰卦名曰蹇。蹇難也。爻曰往蹇爲往就蹇地日來反。爲往而復反象曰內喜

之也。爲喜其反而得以自全。詳繹爻辭知國運值此多難往而濟蹇不如反而

治內。至五爻大君擅權朋來相輔而蹇可濟矣。則知以三濟內蹇以五濟外蹇。

相與有功也。喜可知矣。以爻象計之。應在二年之後。

〇明治元年四月。友人某來曰。余近奉仕官某藩之命。發程有期。特來告別。觀其容貌威武。腰佩兩刀。猶是藩士舊狀。今際會風雲。有志維新者也。請占前途氣運。筮得蹇之比。

爻辭曰。九三往蹇來反。

斷曰三爲艮止之主。當上下之交。進退本多不決。其往也。固非所願。亦第隨人共往之耳。及其來反爲得不中心喜之爻辭之意如此。今足下因奉命將行。占得此爻。度足下之意。或有亦與前途有難不喜前往。余勸足下不妨準作前行。當有後命即來召曰。欲令足下奉職於內也。後友人尚未起程。即命止行。留爲內用。

六四。往蹇來連。

象傳曰。往蹇來連。當位實也。

四居上卦之首。比近於五。五所倚重。是爲親近之臣。連者。謂君臣一體。如心腹

股肱之相連繫也。往蹇來連。謂三與上爲同卦。故與上同往。最爲連合。以視初

之往而有待。三之往而復反。較爲得其實力也。象曰當位實也。四當位履正。艮

爲實。故曰實。上旣此連尊爻。下又連絡諸爻。得以實交。若濟蹇難也。

(占)問時運。運多蹇險。以其能連合衆心。得以濟險。○問戰征。四爻陰柔。可知軍

力單薄。以其能與衆軍同心同德。連絡一氣。乃可出險。○問功名。來連者有連

陞之象。○問營商。來連者。謂先後商客。皆相連而來。曰當位實也。實充實。謂得

嬴滿也。○問家宅。此宅必與隣屋比運。地位相當。家道股實。○問婚姻。必是老

親結親。重連訂好。吉。○問疾病。此病必連綿已久。一時不愈。○問訟事。遲久可

了。○問行人。流連在外。一時不歸。○問六甲。生男。想是變胎。

(占例)明治二十四年。有某友來。占某國樞密院氣運。筮得蹇之咸。

爻辭曰。六四往蹇來連。

斷曰。四爻比連君位。是爲親近之臣。所謂心腹股肱。與君一氣相連者也。恰合

樞密院之位。足下占問某國是外國也。故爻應在外卦爻辭曰往蹇來連。知某

國近有內難外侮交作。樞密院諸臣。防有連累及禍者諸爻皆曰往蹇。唯五與

二不言往。五爲大君。二爲內臣。是身臨其難者也。樞密院本在內臣之位。諸爻

以圖其濟其蹇。其日往蹇者。或指出使於外而言。一時蹇難未平。氣運不佳必

待至上爻可以出蹇。

○明治三十一年。占衆議院氣運。筮得蹇之咸。

爻辭曰。六四。往蹇來連。

象傳曰。往蹇來連。當位實也。

斷曰。爻曰來連。有連合衆議之象。象曰當位。謂得當議員之位。今政府以戰勝

之後。受各邦之猜忌。將擴張兵備。預作濟蹇之圖。已呈出其議於議會議員等。

連絡私黨。不應政府之意。政府因之多難。上卦爲坎。坎險也。下卦爲艮。艮止也。

合之謂蹇以致政府號令有阻止而不能行也。今見得四爻。四爻比近於五。知

衆議員中必有深淺時艱。能體合至尊之意。折衷衆議之論說。以排解國家之

困難。斯議可成。而蹇可濟矣。象曰。當位實也。實謂能實濟其難。非徒空言已也。
當時議會視聞自由進兩黨軋轢議多不合後自由黨迎合政府之意與國
民協會聯合增稅之議乃決。

九五。大蹇朋來。

象傳曰。大蹇朋來。以中節也。

就諸爻言則為往。就五爻言則為來。在諸爻則蹇猶小。在五爻則蹇獨大。蓋五
爻合諸爻之蹇以為蹇。而獨當蹇之大者也。故曰大蹇。君臣以義合朋友以情
合。五畧分言情。故喜其來而稱之謂朋。五盈滿當位。德足任人。故能使疏附後
先咸來輔翼得藉羣材以濟大蹇。其濟也。雖出於君之威福。而諸臣要與有力
焉。五動體坤。坤西南得朋蹇利西南。故亦曰朋。象以中節釋之。謂五得位履中。
不易其節。故卒得出蹇也。

（占）問時運阨運將退漸得化危為安。○問戰征前既被圍今幸得救兵齊來。得

以一戰出圍。○問功名。位近至尊。足以匡濟大榮吉。○問營商。來貨輻輳。一時難以脫售。○問家宅。地近禁衛當衝繁疲難之區車馬紛逐之會不宜民居可改作會館議院。○問疾病此是危難大症宜邀集衆醫會治方可望愈○問六甲。生男。

(占例)明治二十年。占某貴顯氣運筮得蹇之謙。

爻辭曰。九五。大蹇。朋來。

斷曰卦名曰蹇爻曰大蹇。知蹇難重重。非一己之力。所能解脫。今某貴顯占氣運。得第五爻。五爻爲蹇之主。其蹇愈大。其濟愈難。幸某貴顯德望素著。衆心歸服。得藉朋濟相助。乃能戡平大難。目下正當協力匡濟之時尚未出蹇。待一年後。蹇去解來。斯可平安無患。

上六。往蹇來碩吉利見大人。

象傳曰往蹇來碩志在內也利見大人以從貴也。

上爻居蹇之極。窮處局外。本爲蹇難所不及。爻曰往蹇。蓋賢人君子。心切時艱。

不敢以身不當位置理亂于不聞也。碩大也。來碩者。五得其相助爲理即以大

任界之。如莘野渭濱之產出而匡時者也。故曰來碩蹇諸爻皆在蹇中。未無當吉

言至上爻。其蹇已終。故稱吉大人指五也。君臣同德。五爻曰以臣謂朋上與五

以君謂大人。蓋即象所謂利見大人往有功也。象以志在內釋來碩。謂上之應

在三。故志在內也。以從貴釋利見。謂上之陰從陽。故曰以從貴也。

（占）問時運。現下大難已退。大運將來。可以出面求仕。〇問戰征大兵已集。可以

一戰以出重圍。〇問營商。眾商咸來。貨價大漲。即此脫售可復本。亦可獲利。〇

問功名文名大振。可以利見大人。〇問家宅。此宅地位高大。災殺已退吉曜照

臨。且得貴人扶助。〇問婚姻主貴。〇問訟事須從大審院判結。〇問六甲生男」

（占例）友人某來。請占氣運。筮得蹇之漸。

爻辭曰上六往蹇來碩吉利見大人。

斷曰。上爻居蹇之極。極則必變。將變蹇而成解。是大難將解之時也。今足下占

氣運得上爻。爻辭曰。往蹇來碩。吉利見大人。玩爻辭之意。謂大蹇已往。大運將來。吉无不利。且可往見大人。出而求仕必得貴人提拔。仕途亨通。

增補高島易斷

雷水解

卦體下坎上震。震爲雷。坎爲水。亦爲雨。震坎交錯。即成雷雨交作之象。坎於時爲冬。震於時爲春。自冬涉春。雨水乍來。春雷始發。和風送暖。堅冰漸解。天地醞結閉寒之氣。一經雷雨鼓動。枯者生。蟄者起。無不解散而萌發也。故名其卦曰雷水解。

解利西南。无攸往。其來復吉。有攸往。夙吉。

解。緩也。坎位北。震位東。自北轉東而南。而西。是順天而行也。故曰利西南。解即所以解蹇反東北而東南倒坎艮而震坎。解之西南。即蹇之西南也。故其利同。无攸往者。謂蹇解而難已平。无難則無所往。緩以養之以俟來復。是以來復吉也。有攸往者。謂蹇解而難猶在。有難則必有往。急以救之。不懈夙興。是以夙吉也。

象傳曰。解險以動。動而免乎險。解。解利西南。往得衆

也。其來復吉乃得中也。有攸往夙吉往有功也。天地

解而雷雨作。雷雨作而百果草木皆甲拆。解之時大

矣哉。

按解有兩音。一古買反謂解難之初。一諧買反謂既解之後。序卦曰解者緩也。

險難既解物情舒緩。故爲解。解所以解蹇也。止則蹇。而動則解。凡遇險不可不

動。動斯能免乎險也。免險則爲解。西南坤位。卦體易五居二。二爲坤易土居二亦

爲坤。坤順得常。故利坤爲衆。故往得衆往自內而外來。自外而內坤爲純陰。至

震一陽來復。猶言大難初平。創痍未復。必休養生息。俾得復其元氣。故不必攸

往。而自然來復。是以得中而吉也。二之大爲晉。晉明出地上。日之初升。故有夙

象。晉進也。故有攸往晉五日往有慶。即往有功之謂也。蓋來復治內夙往治外。

內外交治。解之事盡矣。解爲二月之卦。震陽司令。雷以動之。雨以潤之。天地凝

寒之氣因而解散萬物生育之機因而甲拆睽塞二卦皆兼取時用解獨曰時

大矣哉蓋睽塞以得用而濟解則不復用其解惟在待時而動耳

以此卦擬人事是險難乍解元氣未復不動則不能脫險動

必當審其方嚮又得夫衆力西南爲坤順之方得衆即朋來之助及其已解有

不可不再動者如人身疾病乍痊血氣未復當以休養而調攝之斯爲得中也有

不可不速動者如人家困難甫脫而盜賊猶在當必急起而剿伐之斯爲有功

也震爲春氣一動而雷雨交作天下之積氣乃解萬物之生機始達猶人之

威怒一振而幫邪悉退矣六爻皆合塞而觀初爲難未得而已二則

難已除斯爲貞吉矣三則難雖消以寇致寇其咎亦自取耳四之難未得全解

尙望得人相助也五之難能以心孚庶幾宵小自退也上之難積惡未靖不能

不威武加之也在天怒則雷霆恩則膏雨在人唯賞其善罰其惡當之耳

以此卦擬國家卦自明夷來自家人而睽而塞而解皆爲周興殷亡之象解爲

文王羑里脫囚之時其利西南者文王化行西南之地虞芮之質成其无攸往

也。崇密之窮伐。其有攸往也。所以動兵興衆者。時當險難。不得不動耳。不動不

能以免險。且不能以濟天下之塞也。迨至商郊誓師。而來會者八百。是得衆也。

即得中也。周之所以脫大難者。在此解。周之所以集大勳者。亦在此解也。王怒

如雷。王澤如雨。後之王天下者。唯以法周者法天而已。天地得陽和而雷雨作。

萬物得陽和而萌孽生。治道亦猶是焉。

通觀此卦。解與屯易位。屯震生在下。坎難在上。動乎險中。為難之始生。其象曰

雲雷。是天氣鬱結而未能發洩也。故不成雨。解坎難在下。震生在上。動免乎險。

為難之已解。其象曰雷雨。是天氣發洩而恩威並施也。故曰雷雨作。解之卦義。

其為難者坎也。其陰也。其解難者震也。陽也。初爻以其始解而安之。二爻就其獲

解而治之。三爻防其方解而復致之。內三爻屬坎。坎陰也。故不言解。四爻之解。

得朋為助。五爻之解以孚得吉。上爻之解以用射獲利。外三爻屬震。震陽也。故

言解。統之難之作也。靡不由於小人。而其解也。靡不由於君子。五為解之主象。

曰君子有解。小人退也。所謂君子。即大象所稱赦過宥罪之君子也。此為解一

卦之要領也。

大象曰。雷雨作。解君子以赦過宥罪。

按十二消息考。坎爲十二月至正月之卦。坎五六兩爻值雷水驚蟄。震爲二月

至四月之卦。震初爻值雷乃發聲三爻值穀雨解爲二月公卦。大象曰雷雨作。

蓋因其時而取象焉坎爲罪。爲災。故有過有罪。震爲緩。爲生。故用赦用宥君子

法之。號令如雷之震。天下無不聳動。恩澤如雨之降。天下無不喜悅。夫使幽閉

久繫之人。一旦得赦過宥罪弛其禁錮脫其桎梏如出陷穽而復見天日則其

憂悶欝結之氣。無不解散是君子與民更新以之解萬民之難也。

（占）問時運。災難解脫大有奮發振作之象。○問戰征。威武一振。有大寇蕩滅。小

寇服從之象。○問功名。有聲震百里澤被蒼生之兆。○問營商。而得時得令。雷

雨之動滿盈大利。○問婚姻。震雷坎雨陰陽交濟生育暢茂吉。○問家宅。天盤

有動。地盤有難宜祈禱解免。○問行人。一時可歸防小有災難无咎。○問訟事。

初六。无咎。

象傳曰。剛柔之際。義无咎也。

初居解之始。大難初平。不求有功。只求无咎。初與四應。賴應之力。得解其險。故曰无咎。象傳所謂剛者指四。柔者指初。際者謂初與四相應。陰陽相交。其義自可无咎也。

（占）問時運困難。初解安時守分。自得无咎。○問戰征乍脫重圍。宜自蓄銳養精。不可妄動。得保无咎。○問營商。不致耗失。亦為幸矣。○問功名。目下只可守舊而已。○問家宅。平安无害。○問訟事宜和。○問婚姻。平平。○問六甲。生男。

（占例）明治二十四年三月。為鄭永寧與清國公使館有內通書函。一時議論紛起。真偽莫辨。製紙分社長。陽其二氏來書。請占一卦。以判虛實。筮得解之歸妹。

爻辭曰。初六。无咎。

幸得寬宥。無罪。○問六甲。生男。

斷曰。解者。釋也。堅冰得暖而解散之象也。初爻曰无咎易之爻辭單言无咎者。

唯此一爻。是天張其口以證鄭氏之無罪也。且解者。謂解脫罪過初爻之陰屬

鄭氏四爻之陽屬清國公使。陰陽相應。知情分頗厚。然於國家大義一無關害。

象傳曰君子赦過宥罪料曰後審官。亦必原情赦宥斷不以無稽文字爲之追

咎也。

九二。田獲三狐。得黃矢貞吉。

象傳曰。九二貞吉。得中道也。

田者獵也上互坎。坎爲狐下互離。離爲黃矢。狐陰獸。善惑人。故譬言佞邪小人。

蠱惑君聰。三者言數之多也。黃者。正色。矢者。直也。二爻以陽居陰剛柔得中上

與六五陰陽相應爲能輔佐大君進賢黜邪用以匡濟時艱者也。蓋欲解難當

先驅狐故取離之矢。就坤之田獲坎之帑狐而盡殲之。斯內治肅靖于以濟險

出危納一世于中道其在此矣。是以九二貞吉也。

（占）問時運。去邪歸正。自得安吉。○問戰征田者獵獸。猶

獲敵之渠魁也。得矢者。猶得敵之兵器也。故貞吉。○問營商田者在獵獸。商者

在獵利三者多數黃者黃金。必獲厚利吉。○問功名曰得功名可望吉。○

問家宅。此宅防有狐祟。須獵獲之乃吉。○問婚姻。此必先有小星。而後納正室

也。黃者正色。爲正配吉。○問疾病。防是狐媚邪病。宜張弧矢以驅之吉。○問六

甲。生男。

（占例）某商人占氣運。筮得解之豫。

爻辭曰。九二。田獲三狐。得黃矢。貞吉。

斷曰。獲狐得矢。知獵財獵名。无往不利。足下災難既解。所求必得。正是好運發

動。有雷雨得時之象。黃爲正色。矢爲直。又知足下品行正直。不惑於狐媚。是能

以正治邪。故貞吉。

○明治二十五年。余患鼻痔。呼吸不通。談話亦困。頗覺苦之。聞金杉某。留學獨

逸。專修鼻科。歸朝設院。受診。余欲求治。筮得解之豫。

爻辭曰。九二。田獲三狐。得黃矢。貞吉。

斷曰。內卦水險。外卦雷動。動而免險之象。故不宜坐視。宜速治療解去疾病之

難也。占得第二爻。爲坎之主。動而變豫。有豫治之象。田爲狩獵。狐爲怪物。黃矢

者。射其怪物之矢。今鼻中之疣。身之怪物也。三者爲數之多。黃矢者想爲醫治

之器也。爻可借觀其象則吉。余於是向金杉氏乞治。金杉氏一診許爲易治。先

用麻藥。通電氣於銅線。糸掛於疣上。遂得截斷其疣。疣數不一悉皆截去病苦

頓解醫術之妙。實可驚喜。而易機之先示。悉合其狀。更可驚嘆。嗚呼易者以森

羅萬象之事物照澈於三百八十四爻之中。一一發露其靈機以垂敎於天下

後世聖人之所以爲聖人也。

○相州橫須賀建築砲臺。又有造船大工塲。年年埋築海面。因採土炭岩石。向

歸大倉久米馬擔保其岩石。用船運至海岸築處。幷用小輪船爲引以取快疾。

大倉組。遂自造運船。免受雇船勒索等弊指揮得當獨占利益。在官寮察知一

人專擔難免弊竇。欲命高島嘉兵衛。分承其役于是大倉組忌之隱使船夫等

百般妨害。且姑意寬支貿金。每日所損不下七八百圓兩家俱受其困。余乃請
占一卦筮得解之豫。

爻辭曰。九二。田獲三狐。得黃矢。貞吉。

斷曰。象謂解險以動。動而免乎險。明言一動乃可出險。就占所言爻以二五爲
紛爭之主。今得二爻。二在內卦。屬高島氏。五在外卦。屬大倉氏。二之貞擔爲四
所妨。遂致互生支吾。互受虧折爻辭曰三狐。謂彼有三人。狡猾妨事。黃矢謂我
有一人。正直當事以矢射狐。而狐退矣。四爻曰。朋至斯孚。謂居間而講和
之友孚者謂二五兩主得以感孚而罷爭也。五本君子。始爲小人所狐惑。故曰
君子解。小人退也。乃依此占使橫山孫一郎。傳高島氏之意於大倉氏。事遂平
和。

六三。負且乘。致寇至。貞吝。

象傳曰。負且乘。亦可醜也。自我致戎。又誰咎也。

負者竊負。乘者乘肥。負且乘者。乘肥負且乘。是竊盜而公卿也。故可醜致寇至者。坎爲寇。六三

處。坎體本寇也。寇以遭時竊位得以策肥乘堅爲寇者見之曰彼亦寇也。今居

然負且乘矣。是可取而代也。此謂以寇名寇當此險難甫解而使寇者濫居高

位。豈非用人者之咎乎。故曰以我致戎咎復何辭咎即醜也。

（占）問時運運非不佳。但因素行不端爲人鄙笑。○問戰征戰隊自我而開以致

羣盜紛起。一時難平。○問營商防有盜刦之患。○問功名沐猴而冠其能久乎。

○問家宅門戶不自謹愼或用人不當致召竊盜。○問婚姻兩姓均非端正之

家是富而不仁者也。可醜。○問訟事兩造理皆不直。○問行人滿載而歸但來

路不正。○問失物已被竊負盜去不得。○問六甲生男。

（占例）某人來。請占某區長品行筮得解之恒。

爻辭曰。六三。負且乘。致寇至。貞吝。

斷曰。負爲肩負小人之役也。乘爲乘車君子之分也。負且乘是以小人而竊居

君子之分也。寇者見之曰是亦寇也。彼以寇顯我豈獨不可顯乎。故曰以寇招

寇醜有由來也。觀此爻辭則知某氏得爲區長。亦寇取而得之。必有寇伺其後

者也。何能久居其任乎。未幾果罷職。

九四。解而拇。朋至斯孚。

象傳曰。解而拇。未當位也。

四居震之始。震爲足。拇足大指也。四爲解之主。解即解其蹇也。蹇爲足疾疾在

一拇。不足以爲蹇。解在一拇。亦不成其爲解。四不當位。故不能全解其蹇。第見

解而拇。拇即指四。而汝也。故曰而拇解之四。即從蹇五來。蹇五曰朋來。故解四

曰朋至。四亦自知其不能解蹇。唯望朋至。得以相助爲理。將由拇以及心斯心

心相感。而蹇得全解矣。坎爲孚。故曰孚。

(占)問時運行年已當強仕。但行運部位不當。全在因人成事而已。○問戰征。防

礙彈傷足。幸救兵得力。可以解圍。○問營商。所獲甚微。唯衆心交孚。一二年後。

礙彈傷足。幸救兵得力。可以解圍。○問功名。拇爲足指。卑下已極。至五爻曰君子有解。必待下科可望

可望厚利。○問功名。拇爲足指。卑下已極。至五爻曰君子有解。必待下科可望

登解。○問家宅。此宅地步低下。不得其當。只可作行棧店屋。○問婚姻得有力

媒人說合。方可成事。○問訟事有朋友出交相解勸得可息訟。○問六甲生男」

（占例）群馬縣高崎市某甲書來曰僕近隣有乙某者。一子罹病危篤。禱於榛名

神社。不日而愈。乙某深喜之僧子謁謝神社。一日乙某以遺金盡付其子曰。余

居處恐遭殺害。突然而行子即出而追尋不知去向。舉家不堪悲歎。請筮一占。

以卜吉凶。余時適罹疾。因使門弟筮之。得解之師。

爻辭曰。九四。解而拇朋至斯孚。

余見此占問門弟將何以斷之。門弟答曰。乙某不入山亦不投水。在東方朋友

之家而已。象曰。解險以動。動而免乎險也。乙某自言恐遭殺害而逃去。是因險而

動也。既得逃避是動而免乎險也。爻辭曰。解而拇朋至斯孚。拇爲足大指父子

一體。子在下。是足指也。遺金而別。解拇者也。朋至斯孚。是明言在朋友之家也。

孚者。得朋友一言而心感也。余喜其判語適當遂書其斷語而函告之後面會

某甲。詢及此占曰乙某踪跡適如貴占云云。

六五。君子維有解。吉。有孚于小人。

象傳曰。君子有解。小人退也。

此君子即大象所云赦過宥罪之君子也。五居尊位與二相應。二既能得其中
道以袪羣邪。許其更新。五即因之。原情赦宥。不復窮究。是以不解為解者也。小
人逐感而有孚是以吉也。象傳曰君子有解小人退也謂君子不必力去小人。
小人自心服君子不敢與君子同居自古姦邪害政皆由君子不能感化小人。
小人是以不信服君子以致傾軋覆相尋皆未明六五有解之旨也。

(占)問時運正運亨通。群邪悉退。○問戰征。不戮一人。不加一矢。外夷來服。○問
功名利君子不利小人。○問營商不勞苦計營謀自然獲利○問家宅此宅福
曜照臨。邪魔遠避。○問婚姻吉。○問行人即歸。○問疾病外邪解散正氣來復。
吉。○問訟事。理直者勝。理曲者服。即可罷訟。○問六甲生男。

(占例)友人橫山孫一郎氏來曰近見新聞紙所揭福地氏下獄想此老衰之身。

際此炎暑。其困難不言可知。推其所由。爲得金草文。在草文得金與受賄營私
者。固有別焉。公冶縲絏。孔子特以非罪明之。予將爲福地氏籌一解救之方。請
煩一占筮得解之困。

爻辭曰。六五君子維有解。吉有孚于小人。

斷曰。解散也。占得第五爻爲解之主。爻辭曰君子維有解。且系以吉稱曰
君子知罪非其罪。不以罪而賤其人也。曰維有解。知不解而不待救而自然
脫罪也。曰有孚於小人。在彼起事之小人。亦知陷害君子於心不忍。自顧認罪
而退也。福地氏暫受其厄。自得安吉。余因面東京裁判檢事具語此易不日而
同氏出獄。

閱後有相知永井泰次郎氏。以訟事嫌疑牽連被引伊妻來請一占。又得此爻。
遂即將此判詞告之。永井氏亦果以無罪放免。其事同。其爻同。其應驗亦果相
同。故附記之。

上六。公用射隼于高墉之上。獲之。无不利。

象傳曰。公用射隼。以解悖也。

震爲諸侯。故稱公。坎爲弧。爲弓。故曰射卦體上爻爲上變爲離。離爲飛鳥。故有隼象。四動

而成坤。坤爲城墉。象城墉之上。上爻居解之極。自初至五。凡用剛用柔用猛用

寬所以解除內難。亦既備矣。至上猶有飛翔在外。如鷙鳥之强悍者。五乃命六

曰。公其乘坤之墉。張離之弧。抽一矢而射之。獲其魁首。无不利也。以解悖也。坎

爲悖。謂滅此悖逆之徒。斯內患外寇悉皆埽平矣。前諸爻。即象所云其來復吉。

上爻乃象云有攸往夙吉是也。

(占)問時運。運途吉順。出外或遇小寇。宜急防之。〇問戰征。防有敵兵劫掠城外。

宜高阜伏矢以射之。必有獲也。〇問營商運貨出外。防有盜劫。宜嚴備禦。非特

无失且可以獲盜糧也。故曰无不利。〇問功名。爻稱公。必已貴顯也。當立功於

外。〇問家宅。墻墻宜高可備外窃。〇問婚姻。詩云弋鳧與雁有射之象吉。〇問

訟事。悖逆自解利。〇問六甲。生男。

(占例)鎌倉圓覺寺住僧。今北洪川和尙。博曉釋典。當今之高僧也。予一日遊鎌

倉。欲訪和尚意予所談在易理。和尚所說在禪味。不知禪之三昧。與易之六爻。

其旨果相符合否耶試爲一占筮得解之未濟。

爻辭曰。上六公用射隼于高墉之上獲之。无不利。

斷曰佛法以解脫爲宗旨。取解脫煩惱之義也。今得解上爻不言解而言射。是

用佛法攝伏外魔內性既定外魔自消與解所云三之狐爲內魔上之隼爲外

魔。其旨相同。知今日和尚對余所談大旨如斯。予乃就卦義。書道歌一首懷之

以訪和尚和尚延予入禪堂茗談移晷。佛法易理各極其妙。遂出道歌示之。一

笑而別。

○一日橫濱商人。左右田金作氏來訪。請占利根運河株式高低筮得解之未

濟。

爻辭曰。上六公用射隼于高墉之上獲之。无不利。

斷曰解者動而免險之卦。方今賣却株式得此難得之利益以免後日之災。故

曰无不利恰如見隼集于高墉之上。一矢射之以去後患。若遷延過時。及至損

卦必有損而无利也氏從此言一次賣之即得利益後因獲利而復買之致招

損失云。

○明治三十一年。占伊藤內閣氣運筮得解之未濟。

爻辭曰上六。公用射隼于高墉之上獲之无不利。

斷曰爻辭曰公適合內閣之稱也。內閣居高位。故曰高墉。隼指政黨首領而言。

政黨首領身處位外飛揚跋扈。每與政府爲難。如隼之悍驚善掠。殘害善類六

五之君。命公乘高射而獲之不曰殲而曰獲以隼本有用之材素有功勞。故期

獲而用之以收其效。故曰獲之无不利也。象傳曰解悖。是謂解去悖逆之心以

冀歸順也。內閣躬膺總理。既修文德。又具武功。靖內難。戢外侮。固公之所優爲。

解之上而難解正公今之時也。然解難爲解。解位亦爲解。尤公所宜愼審遂呈

此占於內閣後內閣推薦大隈板垣兩伯聞余以占斷當否。余曰。執一隼又欲

獲一隼。但恐所執之隼振羽欲翔放手遂不得復執。兩隼相軋而不能相容。公

乃遂辭內閣亦合解卦之義也。

山澤損

卦體上山下澤。山高也。高者愈高謂之益上。澤卑也。卑者愈卑謂之損下。故下不可損。損在下而益在上。謂之損下本當益益在下而損在上。謂之益損益之理固相反。而損益之用適相濟。人第知其損也。而不知損即損其益是以序卦先損而後益。事先簡而後煩。禮先儉而後奢。也而不知損即益其損人第知益之也。而不知益即益其損。是以序卦先損而後益。事先簡而後煩。禮先儉而後奢。物先虛而後盈。故易道先損損兑益民所以爲損。

損有孚元吉。无咎可貞利有攸往。曷之用二簋可用享。

損通咸。有心爲感。无心爲咸感孚也。故曰有孚以其所損者。出於中心之誠。損主節儉。而儉不中禮。葛履公路率來譏刺咎且難免矣見元吉乎唯損而有孚斯人感其誠。自得元吉復何咎而可正以斯而往。

有足以見信於人也。不然損主節儉。而儉不中禮。葛履公路率來譏刺咎且難免矣見元吉乎唯損而有孚斯人感其誠。自得元吉復何咎而可正以斯而往。

无往不利也。損儉如此。何用豐爲乎。約之二簋。亦可用享。不特有孚於人且可
上孚夫神明矣。

象傳曰。損。損下益上其道上行。損而有孚元吉。无咎。
可貞利有攸往曷之用二簋可用享。二簋應有時。損
剛益柔有時。損益盈虛與時偕行。

損減省也。減乾下之剛。以益坤上之柔。故爲之損下益上。亦即損剛益柔也。益
在於上。故謂之其道上行。有孚者以孚行損則損下而下不病其損益上而上
不嫌其益上下交孚吉莫大焉。復有何咎貞正也。謂可以正其未孚也。艮在上。
艮止也。民得其益則不爲止而爲往。故曰利有攸往損既有孚損自无咎何必
用豐損之又損即二簋亦可用享矣。震爲祭爲邑民爲宗廟有用享之象。簋盛
黍稷之器。按禮簋多用八用六。今用二。是從損也。享以誠孚故雖二簋可也。然
損宜應時。時而當損太羹不以爲儉。時不當損豚肩終傷其隘。故損益盈虛。要

貴與時偕行也。

以此卦擬人事損節省也節財為損節欲亦為損節財所以利用節欲在於清

心此固人事之要也顧可損而損雖損之而不以為損即不損而

已疑其損凡人事之動輒得咎者皆由於損其所損而不能見信於

人則有損無益咎且不免矣以得吉或損大益小止且不可矣以能往是以損

卦首曰損有孚卦體艮上兌下艮止也兌悅也有孚則悅止相承山澤通氣剛

柔合志上下交孚矣不特在已願受其損故用之於家而

財用省用之於身而情欲寡極其用以格神明而神明亦享其誠從其齋可無

用豐也有所往無乎不利也夫亦因乎其時而已矣若時不當損而懍從節儉

或譏其損人而益已或斥其損公而益私是為人事之患咎復何辭故人事當

察夫天時觀日月之盈昃寒暑之往來即可知損益盈虛與時偕行之道也。

以此卦擬國家國家之制田有賦廛有征貨物出入有稅此皆損下以益上也。

當其全盛上不必須索夫下下自樂輸將夫上上施其仁下懷其德朝野一心。

無事則獻猶私狥以奉上有事則簞食壺漿以迎師所謂信則民任者此也得其信則上下交孚其道有吉而无咎其用无往而不利其義貴與時而偕行取其約勿取其豐惟其誠不維其物可以裕國可以理財推之亦即可以格宗廟。凡國家之損益盈虛唯在法夫天以應夫時而已矣六爻言損酌盈虛審彼我。度終始義各有在初酌損二弗損三損十。四損疾。五不曰損上亦曰弗損蓋卦既曰損爻多不言損也。初二上皆曰志三曰疑四曰喜五曰祐其道皆取其孚也。蓋治國之道首在得民心。民心未得雖上曰施其惠而民不知感也。得其民心。民將曰小民之飲食日用皆出自上之所施也。何敢自私其有乎雖損之不以爲怨也。損卦首揭有孚二字其旨深遠最宜體玩。通觀全卦。卦下體本乾三畫皆剛。爲有餘而當損也。上體本坤六畫皆柔。爲不足而當益也謂之損下益上其道上行損益爲盛衰之機亦即爲否泰之兆損自泰來益自否來損二五失位益二五得位可以見否泰之相反也。損兌有餘補民不足。上下相洽。止悅相承。是以益卦不待孚而民悅損卦必先孚而乃吉。

以損為人情所不欲然人情固憂缺乏而求盈君子則惡盈滿而思節二簋雖

薄可享宗廟道在以誠為貴耳二簋指兌之二陽謂其簡略也上卦爻辭多取

有孚之旨下卦爻辭多取用享之象合之皆取說而止之義然非謂剛之盡可

損柔之盡可益也時可損則損時可益則益非人之所能強致焉故曰損剛益

柔有時損益盈虛與時偕行。

大象曰。山下有澤。損。君子以懲忿窒慾。

地以益而成山即以損而成澤山澤本損益之物不益則山必崩不損則澤必

涸此卦之所以名損也。在人之易發而難制者。無如忿易熾而難絕者。無如欲。

君子見此象。知忿氣之盛勢足拔山。故必懲之以遏剛強之性。貪念之深盈難

壙塞。故必窒之以塞利寶之源忿起於剛懲忿以息其既往。貪牽於情窒慾似

閑其將來。艮山止而兌澤塞。皆有損之象焉。

(占)問時運。目下性情不定。由於行運之不正宜自懲創。○問營商。營商原在謀

財宜和氣不宜恃氣宜審利不宜放利○問功名忿欲不除雖有功名恐不能

保其終也○問戰征山下有澤防山岸深處有敵兵埋伏○問婚姻卦自咸恆

來女悅而男止夫婦之道得其正也○問家宅此宅後有高山前有深澤地勢

頗險宜開鑿之使平○問訟事不使氣不貪財訟自平矣○問失物不得○問

六甲單月生男雙月生女。

初九已事遄往无咎酌損之。

象傳曰已事遄往尚合志也。

初爻處卦之始即爲謀事之始也已事者已其事也即艮止之意遄往者遄速

也事既可已即當遄往一經因循必致誤事是以有咎故曰已事遄往无咎若

事在可已不可已之間已之則失業不已則害公惟當酌其輕重緩急之宜故

曰酌損之象傳以尚合志釋之上作尚庶幾也已事遄往庶幾與上合志也虞

氏以已作祀祀謂祭祀祀事而云酌損即象所云二簋可用享之義其說亦通」

（占）問時運。已往莫追。目下宜急加勉。自可免咎。○問戰征。宜速進兵。不可遲緩。

輜重糧食。亦須酌損。○問營商販運宜速。審時度勢。前行定可獲利必

无咎也。○問功名速往則得。運緩無成。○問婚姻即日迎娶兩姓好合。○問家

宅須速他遷吉。○問訟事即速了結罷訟。○問失物速尋可得。○問六甲生女。

（占例）友人某來曰有朋友以急需借金請占後日利害筮得損之蒙。

爻辭曰初九。已事遄往。无咎酌損之。

斷曰爻居內卦又在初位內卦為兌。兌為口。有開口求人之象。爻辭曰已事遄

往。无咎謂當此時處困難宜拋棄其事趕急前往。以求救援得季布之千金一

諾斯可无咎矣。酌損之者謂其所借金數或有不足又宜酌量多寡以賑其乏。

玩此爻辭知需用急切。有不可片刻寬緩者。緩即有咎。但所借之欵。必有減少。

亦不至空手而回也。

九二。利貞。征凶。弗損益之。

象傳曰。九二利貞中以爲志也。

二處內卦之中。凡事之有待損之益之者。必其未愜於中也。二得中則以弗損爲利貞。若不可損而損之。則損之反失中。是以征凶損與益相對。人祗知損其所損以損爲益不知不損其所不損乃爲益。蓋其所弗損弗益者。惟在守其中道而已。得其中。即利貞也。象傳以中以爲志釋之。志猶射之的以中爲的。志之於此也。

(占)問時運好運方來。不減不加。萬事得中自然獲利。○問戰征不必減糧。不必添兵堅守中營有勝無敗。若鹵莽前往恐有凶也。○問營商貨物合宜。不必減價无不獲利。○問功名無榮無辱守舊。○問婚姻兩姓門戶相當吉。○問家宅地位得中不必添改。大利。○問訟事平和。○問失物原物無失。○問六甲。生女。

(占例)友人某來曰。余爲寶兄。在大阪壟斷米市。大受虧耗有献斡旋之策者以

電報來告催余連送多金。猶得轉敗爲勝。余恐再失。則受虧愈大。因占其成否

如何。筮得損之頤。

爻辭曰。九二利貞征凶。弗損益之。

斷曰。卦象澤低而山高。知一時米價大有高下之勢。初次見價低而多數約賣。

今臨期騰貴不能不如數應付以致受耗東京支店之金不可動也謂之利貞。

若送金而往謂之征凶。大阪本店雖虧以東京支店維持之。自可挽回謂之弗

損益之後果然所占。

○明治六年貴顯某任某縣縣令來請占氣運筮得損之頤。

爻辭曰。九二利貞征凶。弗損益之。

斷曰損卦爲損下而益上。二爻曰弗損益之。是明明言下不必損。上不必益也。

今足下出任某縣令占得此爻。爻辭九二利貞征凶。弗損益之。以九二爻位得

正宜固守成規不必改作。自得其利。若妄自更張競求進步反致凶也。故無取

於損弗損即爲利貞。足下其謹遵爻辭行之可也。

六三。三人行。則損一人。一人行。則得其友。

象傳曰。一人行。三則疑也。

六三辰在亥。得乾氣。乾爲人。又爲行。三爻爲三人。故曰三人行。乾自初至三而變

兌。是三損一也。上互坤變坤之上畫成艮。二陰一陽。故曰一人行。三爲損卦主

爻。居兌卦之終。兌爲友。故曰得友。是艮得其友也。蓋天下事。一則不足。三則過

之。以二爲得中。乃奇偶之定數。是以三人行。則損其一以成二。一人行。則得其

友亦成二。一而二。二而一。斯之爲合志。不然三人成衆。衆則人心不一。而疑惑

生焉。故象傳以三則疑也釋之。

（占）問時運財運平平。少則獲利。多則有損。利雙月。不利單月。○問戰征。宜從兌

方。一路進軍。自有援兵相助。有勝无敗。○問營商。商業宜於一人獨做否則二

人同辨。再多則必有損。○問功名須一人獨往。必得成名。○問婚姻得友。即得

偶也。吉。○問家宅。宅在兌方。宅中丁口每家只有兩丁。可斷。○問訟事兩造成

訟。爲中有一人唆弄所致。去此一人。則訟了矣。○問六甲。生女。

（占例）明治二十五年四月。余任北海道炭礦鐵道會社社長之役。將赴所任。占改

正處分如何。筮得損之大畜。

爻辭曰。六三。三人行則損一人。一人行則得其友。

斷曰。卦體艮山兌澤。卦德損下益上。明見上卦之山愈高下卦之澤愈低。有上

下不通之勢。上下不通。必致事務阻礙。弊端百出。會社因之招損失也。今余恭

任社長勢不可不淘汰人員革除弊然此社之弊有二。一係社務不專關營

利主義。一係社員多由官吏而來。不關營利主義則社用之出納無準由官吏

而來。則社規之約束難齊。於是耗費多冗員衆。社中諸務皆有名無實而已。余

欲振興會社所以不能銳意改革也。今占得三爻玩繹爻辭是明明告我三分

中損一之法也。余得此卦遂單身赴北海道斷行改革先減役員三分之一開

其端緒自是而社務途大得整頓。

○明治二十五年。余爲北海道炭礦會社社長。時因石炭之販路有礙。所採掘

石炭堆聚不售社員皆爲焦心筮得損之大畜。

爻辭曰六三三人行則損一人。一人行則得其友。

斷曰據爻辭稱三人行則損一。一人行則得友。是明示以少則得利。多則有損。

爲目下之情形也。至四爻則曰損其疾。使遄有喜是明言去其貨之劣者。使往

售而有喜也。五爻則曰或益之十朋之龜弗克違元吉按古者貨員五朋是明

言必將益價莫之能違是以大吉。上爻則曰弗損益之利有攸往。是明言價無

上落可以到處銷售自能獲利也。此後出損入益益象曰利有攸往利涉大川

是明言可以販運出洋銷行於外國也。益六爻皆有暢銷獲利之象。由此推之。

以一爻爲一年洞悉九年如一日集社員示以此斷。

果哉二十五年多蓄石炭二十六年販路頓開照此占辭料知此後社務必可

隆昌也。

○友人某來。請占事業之成否筮得損之大畜。

爻辭曰六三三人行則損一人。一人行則得其友。

斷曰。此卦山高而上巽。澤低而下陷。山澤不通氣。有草木不生。魚鼈不育之象。

今占得三爻。爻辭大旨謂三人則損一人則得知合眾與事。必多意見不合。反

致損失足下能獨力成事。必得同心之友來助可以興業而有爲也。

○明治三十二年。一月。自由黨與政府提攜議會所議漸合政府之意。自由黨

乃推選三人。請置大臣之位政府不允。諸新聞多論其可否。某議員來。請占自

由黨之意向。果否貫徹筮得損之大畜。

爻辭曰。六三三人行。則損一人。一人行則得其友。

斷曰。此卦內卦爲政府外卦爲黨員黨員向政府推舉大臣政府秉民止之性。

不允其請是下說上止。故名其卦曰損六三陰爻與上九陽爻相應。故黨員之

意得達政府在政府爲今進黨員三人不得不黜大臣三人是政府之所以爲

難也。或三人中選用二人乎謂之三人行則損一人或只用一人乎謂之一人

行則得其友也。他日偶晤板垣伯談及此占相與一笑後因黨內有猜忌者。此

事遂止。

六四。損其疾。使遄有喜。无咎。

象傳曰。損其疾。亦可喜也。

此爻以陰居陰爲外卦之始。與初九相應。初動體坎。坎爲心病。疾所由生。疾曰其病。其指初也。得四爲之應。內外皆知所當損。而決計損之則事之損猶在後。疾之損爲在先也。疾損而遄遄者初。使之遄者四也。蓋有疾則憂。疾損則喜。故无咎也。象傳以亦可喜釋之。謂不必言損事。但言損疾。而亦可喜則損事之喜。更可知矣。

（占）問時運目下雖有小災。得救即療。可以轉憂爲喜。○問營商貨宜減辦。使之即往販售。獲利可喜。○問戰征未免遭傷醫治可療无咎。○問家宅。此宅陰氣過盛宅眷致多疾病。祈禱可療无咎。○問功名。一時難望。○問婚姻。四與初相應。初陽四陰。陰陽相合必成可喜。○問訟事疾者害也。去其所害。訟自平矣。○問行人有事他往。一時未歸有喜无咎。○問六甲生男。

（占例）工部省書記杉實信氏予舊親也明治十五年二月某日晨起得電報云

杉氏罹急疾余驚而筮之得損之睽。

爻辭曰。九四損其疾使遄有喜无咎。

斷曰觀爻辭已得明示謂此病頗重使名醫速施治療可立愈也若遷緩過期

雖名醫亦將束手故曰損其疾使遄有喜无咎不幸夜來大雪紛飛杜絕行道。

朝來風雪益狂余冒雪赴品川訪杉氏於病室醫師皆為大雪所阻延期不到。

果即日死去。亦天數也。可嘆可悼。

六五或益之十朋之龜弗克違元吉。

象傳曰六五元吉。自上祐也。

十朋之龜元龜長一尺二寸直二千一百六十為大貝十朋。公龜九寸以上直

五百為牡貝十朋。侯龜七寸以上直三百為公貝十朋。子龜五寸以上直百為

小貝十朋見漢書坤數十又偶為朋。故有十朋之象龜者靈物能前知吉凶為

卜質吉凶之具。此爻柔順得中。誠孚於下。故人獻其誠。或益之十朋之龜。或者。

不知其所從來之辭意外之益。君子疑焉。故問之於卜筮理數已定。十朋之元

龜不能違其吉所知。故曰十朋之龜。弗克違元吉象傳以此祐也釋之上祐者。

自天祐之也。以爻象言上指上爻。謂上能輔祐六五之君也。

（占）問時運運途全盛。可得意外寵遇。○問戰征。軍事先卜。其兆大吉。○問營商。

財運之來。雖辭不去。○問功名。自天祐之吉无不利。○問家宅家業興隆不卜

可知。○問婚姻天作之合吉。○問疾病病愈之後且可得財吉。○問六甲。生男」

（占例）東京豪商某家甲幹某來曰僕受本店之命擔任大藏省用務率數百人

以從事近聞明年大藏省將有改正此事擬廢則僕所管數百人。一時皆失其

業。實所不忍。今轉謀於某會社。欲授此等人以相當之業。請占其可否筮得損

之中孚。

爻辭曰六五。或益之十朋之龜。弗克違元吉。

斷曰此爻以陽居五。位得中正可知足下秉心正直當久任其事。不必轉而他

往也。十朋之龜者謂將來有意外之幸福也。今者大藏省有改革之議。其中或

損或益足下別有擔任之務。此數百人因之得福。亦未可知就爻位推之。明年

當上爻。爻辭曰不損益之。无咎貞吉有利此

事務或不復擬廢。亦未定也。總之足下與此數百人皆得无咎且吉。不必懷憂。

某大喜後果如此占。

上九。弗損益之无咎貞吉利有攸往得臣无家。

象傳曰弗損益之。大得志也。

此爻居損之極不可復損也曰弗損益之其辭與二同其義與二別。上與三應。

三處當損之位人或疑損三以益上三之損實為上之益也。故特示之曰弗損

益之以明三雖有損而於上則无所損益焉无損則事皆平均而无咎理得安

詳而貞吉利有攸往即象所稱與時偕行之義上為艮之極。極則變。故不為止

而為往也。上互坤。坤為臣。民為家。艮為家之象。弗損下以益土。

是王者以天下爲家。臣下化之。亦皆國而忘家。故曰得臣无家。象傳以大得志

釋之。謂王者以不損益爲益潛移默化不見其迹志量之所及甚大。故曰大得

志也。

（占）問時運。目下絕無窒礙所往皆利大吉。○問戰征軍隊不須添減率此以往。

攻克戰勝无往不利可大得志也。○問營商貨價無甚上落售皆可獲利大

吉。○問功名目下即可得志。○問家宅此宅不必改造自得吉利。○問疾病當

出外求醫无咎。○問行人在外大吉一時未必歸家。○問六甲生男。

（占例）明治九年。長崎商人大浦阿啓與神代某來曰前自驛遞局借與橫濱製

鐵所從事船舶修繕後因得不償失大被虧損計將返納於驛遞局或轉讓與

他人兩者未決請占其孰可筮得損之臨。

爻辭曰上九。弗損益之无咎貞吉利有攸往得臣无家。

斷曰此爻爲損之極今後更無所損不損則必有所益。故其辭曰。弗損益之无

咎貞吉利有攸往也。二友信之遂決計續承其業翌年有西南之役船舶修繕

繁多。弐得利盆弖。

風雷益

≣ 風雷益

卦體下震上巽。巽爲風。震爲雷。風自天來。雷自地出。是以損乾下畫之陽爲巽。益坤下畫之陰爲震。益者益陰損陽。陽實而乾爲純陽。實之至也。故可損。陰虛而坤爲純陰。虛之至也。故曰益。且風之勢過暴。必致摧喪萬物。損之而其氣和。雷之威不振。無以鼓動萬物。益之而其氣斯暢。是以損上益下。名其卦曰風雷益。

益利有攸往。利涉大川。

益字。上从六形同三爲坎。橫之則从水。坎爲水。亦爲大川。下从皿。釋文益以增長爲名。以宏裕爲義增長宏裕皆言其利益之普也。震爲行。巽爲利。故曰利有攸往。凡卦言利涉大川。有取乾有取坤有取巽。隨卦取象益上卦爲巽。變巽之下成乾。變巽之上成坎。得乾坎之氣。巽爲風。風行最疾。波濤無阻。是以既曰利有攸往又曰利涉大川也。

象傳曰。益損上益下。民說无疆。自上下下。其道大光。

利有攸往。中正有慶。利涉大川。木道乃行。益動而巽。

日進无疆。天施地生。其益无方。凡益之道與時偕行。

益與損相對待者。減省也。益歸於上損歸於下。未免有剝民奉君之象。益者。加

增也。益歸于下損歸於上。即孔子加富加教之意也。民說者。即自損之兌下來。

兌為說民受其益必感其恩故說下互坤坤道无疆坤亦為民故曰民說无疆

損下益上謂之上行損上益下故曰自上下下道者乾道也。損乾之陽益坤之

陰坤得其益適以成乾之大顯乾之光故曰其道大光旁通為恒恒象亦曰利

有攸往利在恒久益之攸往利在中正。正而且中是以有慶也利涉

大川言木者三益渙中孚是也皆取巽木益則震巽皆木卦體三剛在外四柔

在內有刳木為舟之象乘風而行蓬蓬然達於北海蓬蓬然止於南海斯之謂

利涉斯之謂木道乃行益動而驕盈則益即變損動而巽順則所益曰進益下
者益坤也故說无疆而進亦无疆乾爲施坤爲生四時百物並受化育不可以
方隅限故曰其益无方四時之序由震而巽爲正月之卦風雷始作膏澤下
降王者體之以益民有加無已道亦如斯故曰與時偕行
以此卦擬人事所謂益者有益於我爲益而於人亦无損斯可爲之益矣此謂損上益下要即裒多
爲之益必於我有益而於人亦无損即不得
益寡也以此理家因其有餘從而損之則損即爲益因其不足從而益之則益
不爲損以此治身己有未克力爲損之是損所當損禮有未復力爲益之是益
所當益得其益而往則无往而不獲益埋途可往大川亦
可往惟其中正乃得有慶木道謂震巽凡人之所用莫不各因其利陸用以車
水用以舟人力之无遠弗屆者即賴此木道而行也動者震也動而日進者得
巽之順也推之天地之運行上施下生一氣鼓鑄發育無窮其爲益未可限量
人事一小天地也亦惟法夫天地順時而推行已耳

以此卦擬國家卦義以損上益下為益正為有國家者示一條誠毋私爾財毋

屯爾膏毋剝下以奉上毋足國以貧民反是謂損即使有孚而悔咎而損下終

非美名有國家者所當凜凜也凡民情莫不欲无損而有益則喜喜則說

益愈宏說愈衆所謂自西自東自南自北無思不服其說也誠有悠久而無疆

者矣蓋益之道自上及下說之情自下感上上下相孚即五爻所云有孚惠心

者是也道即乾道損乾益坤乃愈見乾道之大而光焉乾為健行震亦為行故

利有攸往以斯而往无不利涉川者利用舟楫舟楫以木而成故曰木道聖

人以美利利天下剝木剝木應時定制守約而施博道濟天下知周萬物說卦

傳曰益以興利此之謂也人主本惠心行惠政省方觀民百度具舉歸於有孚

其益无方有施有生天道也地道也君道也與時偕行一而已矣

通觀此卦損與益名相反而用相濟乾在下邦國富庶之象故損下乾在上朝

延豐盈之象故損上損上不曰損而曰益厚其本也益上不曰益而曰損剝其

基也聖人所以示厚下也能損則益此卦所以次損也損上而益下即自上而

增補高島易斷

下上以益往下以悅來。上之益得中正也。下之說在有慶也。是上以美利利

天下不期說而民自說焉。說至此。將見說以勞民民忘其勞。則險難不避波濤

可涉焉往而不得哉故利涉大川。益動而巽。震為動巽為順。動而順行。是以曰

進无疆其道大光乾道也。木道乃行巽道也。亦震道也。乾動而為施坤動而為

生不動不見其益動則見其益動尤方。益亦无方。觀夫天之道隨時而動。故其

益隨時而行君子之見善則遷有過則改亦隨時而遷隨時而改。知益之在身

者如是。即益之在天下國家者無不如是。上下互卦為剝剝象曰剝上厚下其

旨與損上益下相同然剝六爻多凶而益六爻多吉所謂因民之所利而利之

有益之惠無益之病。故與剝上者有異焉卦與損反。六爻亦與損先後互反。益

初大作元吉即損上之大得志也益二十朋之龜即損二。或益之。或益之龜也益三

用凶事即損四之損其疾也益四遷國即損三之得友也益五有孚惠心即損

二。三之中以為志也益上莫益之。即損初之酌損之也。其辭或相因而來其義或

相濟而成其旨或相反而為戒語曰節用而愛民使民以時損者節用益者愛

民。使時即與時偕行之義。道國之要在是焉。

大象曰。風雷益。君子以見善則遷。有過則改。

風雷者。二氣之發行。升降進退周旋以相損益者也。故震上巽下爲恒。象曰雷

風恒。巽上震下爲益。象曰風雷益。象以風雷易其位。蓋以風雷相遇于天地之間。

上下無常也。以方位言。震爲卯。巽爲辰。已。由震而巽。其行也順。故其爲益也宏。

君子法之。見人之善則屈已以從。見已有過則返躬自訟。故遷善當如風之速。

改過當如雷之勇。謂之見善則遷。有過則改。見有二字。可以見人已之分界王

弼曰遷善改過益莫大焉。

(占)問時運迅雷烈風正當運途振作之際。改舊換新在此時也。○問戰征電逐

風行正可一鼓而平。○問營商。有利則貿遷。無則改運。宜迅速。不宜遲緩。○問

功名。風雷合益大得志也。○問疾病。是肝木太盛之症。治宜損陽扶陰。○問婚

姻。震男巽女天然配合。○問家宅。此宅防有雷擊風摧之患。完者宜修葺之朽

者宜改作之。○問訟事返躬自省怒息氣平。訟事自罷。○問失物已經遷改變

易。不可復得。○問六甲單月男。双月女。

初九。利用為大作。元吉无咎。

象傳曰。元吉无咎。下不厚事也。

大作者。天子巡狩之事。所謂春省耕而補不足秋省歛而助不給其他祭告賑

貸遷國皆大作也。震為作巽為利乾為大為元坤為用為厚。厚事即大作。初居

內卦之下事之始也。王者舉大事建大功。利益計夫恒久規則定于首圖故利

用為大作。在初其事與天下共為之其益亦與天下共享之。斯下民樂事趨公。

願效子來不以其事為上之事直以其事為已之事也。故得元吉无咎。象傳以

下不厚事釋之。謂不以其事厚重而難為乃以其事輕易而樂從。踴躍爭先吉

无咎焉。或云震屬春巽屬春夏之交。大作者東作之事。繫辭所云耒耜之利以

教天下。蓋取諸益其說亦通。

（占）問時運好運初交。可以與作大事。无不如意。吉。○問戰征兵隊初交。即可一戰以成大功。有吉无咎。○問營商。初次營業。資本旣厚。經營亦大。可獲大利。且能悠久无咎。○問功名。可望大魁天下。大吉。○問家宅。此宅新造。屋宇寬大。犬吉无咎。○問婚姻。大吉。○問訟事。此訟爲公眾大事。非關一己私憤也。无咎。○問行人。在外正當謀事立業。一時未歸。○問六甲。生女。

（占例）明治二十四年。占秋收豐歉。筮得益之觀。

爻辭曰。初九利用爲大作。元吉无咎。

斷曰。此爻虞氏以大作爲東作。卽繫辭謂耒耜之利取諸益與所占秋收。爻象適合。爻辭曰。利用日。元吉曰。无咎。知收成必豐无歉。卦名曰益。卦體日益下。穀豐登千倉萬箱正如象傳所云天施地生其益无方。吉莫大焉。

六二。或益之十朋之龜。弗克違。永貞吉。王用享于帝。吉。

象傳曰或益之自外來也。

十朋之龜。解同損五。益二之龜。即損五之龜也。損五以龜奉上。益二即以下所

奉者。轉而益上龜之益人其靈爽足以世守。非在一時之吉也。故曰永貞吉二

居震之中當位應巽震為帝為祭。故曰王用享于帝王指九五五用二之朋龜。

告享于帝以乞上祐吉莫大焉。郊特牲曰卜郊受命于祖廟。作龜于禰宮是為

享帝用龜之事。象傳以自外龜自損來。故謂外來也」

此爻均吉其戰必克自外來也。可由外而攻之也。○問營商貝貨即貨幣也。十。

數之盈也。或益之者疑有神助也營商得此爻必獲厚利永吉。○問功名古者

命相舉賢皆從枚卜。既得吉兆其顯可知。故曰永吉。○問疾病禱之即愈。○問

家宅二至四為坤坤為安為土有安宅之象坤利永貞故曰永貞吉此宅可以

久居也。○問婚姻震巽為長男長女卜鳳之兆自昔稱祥。百年好合故得永吉。

○問。六甲。生男。

（占例）友人某來。請占某富紳家政盛得益之中爻。

爻辭曰六二。或益之十朋之龜弗克違永貞吉王用享于帝吉。

斷曰二爻處內履中體柔當位卦名曰益己知伊家內政得當有益无損也漢書食貨志云人用莫如龜龜者貨貝十朋之龜十盈數富足之象。或益之者不知誰爲益之也。象傳曰自外來也。蓋謂其益有來自外者也。正義謂二居益用謙物自外來朋龜獻策弗能違也。故曰永貞。乃吉享帝者謂明靈降福報告於天也。即損五所謂上祐上天也。自天祐之吉无不利其在斯乎今占某富紳家政得此爻辭。知某富紳家風清正內政修明卜之而蓍龜呈祥禱之而神明錫福家道之盛日進日益蓋有應乎時。得乎天可大可久而未有艾也。

六三。益之用凶事无咎有孚中行告公用圭。

象傳曰益用凶事固有之也。

六三以陰居陽處震之極是動而求益者也故曰益之下互坤坤為事為
死喪故曰用凶事益在於三民信素著不特處常為益即處變亦為益蓋益非
私己用適其時志在拯凶事得无咎故曰无咎三動體家人家人上爻曰裒學
威如震為應誠心相應有威孚之象三當內外卦之中震又為行故曰中行有
孚震為諸侯又為告故曰告公周禮珍圭以徵守以恤凶荒毛氏西河云凡主
者憂凶之禮出珍圭以致王命使恤凶之地或去其征或弛其政此即益下之
也夫益而至於用凶事者也主為符信所以示信以通上下之情也故曰告公用圭象傳以固
有之也釋之謂益用凶事在民若第知為益而不知為凶以為其事為固有之
用凶事者也主為符信所以示信以通上下之情也故曰告公用圭象傳以固
疆矣初爻象傳曰下不厚事意亦相同。

（占）問時運運途多歎以其素行誠實人皆信之可以无咎。○問戰征兵本凶事。
又陷危地幸眾軍同心戮力得奔告大營獲救出險无咎。○問功名先苦後甘。
先難後獲。○問營商諺云欲求富走險路○問家宅此宅多凶唯有中行之德。

斯能逢凶化吉。○問婚姻。恐從喪服中成親。然无咎也。○問訟事須訴之上官。

乃得准信罷訟。○問失物。恐涉詞訟。○問六甲。生男。

(占例)友人某來請占氣運筮得益之家人。

爻辭曰。六三。益之用凶事。无咎。有孚中行告公用圭。

斷曰爻辭曰益用凶事。是能極凶濟危為益之至難至急者也。曰有孚中行告

公用圭。是必所益之事得中行之道。可見信於人。即告諸上官而无不允行也。

今足下占氣運而得此爻。知足下有過於求益之心。一涉私己咎有難免幸而

志在救凶素行中正又能實心辦事可以无咎此皆就爻象而論也。近聞足下

設立移民會社於兩亞米利加地方買收土地。創辦開墾牧畜之業。使無產之

徒。各就其業。爻辭所云益用凶事者蓋指此也。邇來貧民信之紛紛遷適出外。

即爻辭所謂有孚中行也。政府以足下創此拯凶濟危之大業為之賞譽嘉獎。

即爻辭所謂告公用圭之義也。至四爻曰從利用為依遷國其辭愈明。五爻曰

有孚惠心其德愈新象傳曰大得志也。正足下氣運得志之時也。

○明治二十五年。四月。余就任北海道炭礦鐵道會社長偶巡谷鐵道礦山地

當嚴冷凍雪未消一時胃寒罹疾止宿札幌旅店就札幌病院長獨邀人藥診

察。發熱超四十度翌朝約將入院因之一筮得益之家人。

爻辭曰六三。益之用凶事无咎有孚中行告公用圭。

斷曰此卦名曰益益之爲言增也。於病亦然爻曰益之用凶事。在病恐意增凶

也。至翌日則當四爻四爻有利用遷國之辭余篤易占決計力疾發程遂告病

院長。請給藥劑院長止之。不聽即夜自小樽搭汽船翌朝着函館忽得札幌來

電報昨夜札幌市中失火余所止宿旅店已被回祿乃知易機所云有不在病。

而在火者其神妙誠不可測也。時札幌新聞社所論謂余舉動有預知有火而

去者然余因病而占就病論病第知爲凶。猶幸无咎故得力疾而行並未嘗推

測火災今災後推繹乃知變卦爲離離爲火也。

六四。中行告公從利用爲依遷國。

象傳曰。告公從。以益志也。

四居巽之始。與初相應。與三相比。初曰利用。故四亦曰利用。四之

遷國即大作之事也。三曰中行告公。故四亦曰中行告公。三四皆當内外卦

之中。故皆爲中行。告指三公指四以四爲益主爻。三欲益下。恐四阻之。是以告

於四也。公從者四從之也。上互民民爲社稷下互坤坤爲國邑震爲奔走巽爲

進退皆有播遷之象。故曰遷國。卦體本爲乾坤否。否五爻曰其亡其亡。繫于苞

桑。有國難之憂焉。否象傳曰。儉德辟難。避之意焉。否變而爲益。故利用遷

國。左傳隱五年傳曰我國之東遷。晉鄭焉依。盤庚曰視民利用遷。以遷爲益

者也。象傳以益志釋之。謂四從而遷之。四之志。唯在益下也。按震爲東方巽爲

東南。易當殷周之際。遷國者指古公遷岐而言。岐屬殷西南。爲坤方。是明證也」

（占）問時運。目下有難。宜擇善地暫避。○問戰征。宜退兵移營。急請救援。△問營

商宜稟告店主。改遷別地。另開市面。○問家宅。宜遷居○問功名。不成。須改就

九五。有孚惠心。勿問元吉。有孚惠我德。

友人大喜日爻辭精切的當誠吉事之占也當速回告某貴顯匆匆辭去。

天皇得以允從而行也此爲國家開化之盛業即可卜貴顯運命之盛行也已。

天皇陛下議就北海道建築行宮爲避暑計爻辭所云利用遷國意者其在此乎且聞移民之議某貴顯實主其事爻所云中行告公謂某貴顯秉中行之德。

創利用之謀。進告於。

使內民移住。

象。我國寰海平定。固無盤庚遷殷古公遷岐之事。唯近來爲開拓北海道地面。

斷曰卦象爲損上益下爻象爲動衆遷國某貴顯身任當道。爲國爲民。正合此

爻辭曰。六四。中行告公從利用爲依遷國。

（占例）友人來請占某貴顯氣運筮得益之无妄。

別業。○問婚姻須別尋媒妁。○問失物不得。○問六甲生女。

象傳曰。有孚惠心勿問之矣。惠我德。大得志也。

五爻剛健中正得位居尊為益之主。以惠為益。其益愈大。以心行惠。其惠愈宏。

是以實心行實惠。心無盡惠。亦無盡。故謂有孚惠心。自初爻以來。凡巡狩祭告

賑災遷國無一非惠民之事。即無一非惠民之心。所謂乾元以美利利天下者。

即此心也。事之益。其吉待問。心之惠。其吉不待問矣。故謂之勿問元吉信惠之

施於下者。在我為心下之受此信惠者。目之為德。九五得坤氣。坤為我德。故謂之

有孚惠我德。問問卜也。古者舉大事必卜之。以決吉凶以惠行政勿疑何卜元

吉即從初爻元吉无咎來上以孚惠下。下即以孚惠上。下上交孚下益而上亦

受其益也。象傳以大得志釋之。謂本此惠心行此惠政。天下皆受我德惠。而中

心誠服正可得志而有為也。故曰大得志也。

（占）問時運。心好無歹運以仁存心。事無不吉不待問也。○問營商以義為利誠

實相交利益與共以此為商利益廣矣。○問功名實至名歸大吉。○問戰征罰

必信實必公戰無不克大吉○問家宅此爲仁里德門勿問而知爲善人之室

也大吉○問婚姻非親即友必是舊交勿問元吉○問六甲生女。

(占例)友人某來曰欲以某氏子爲養嗣占前途吉凶筮得益之頤。

爻辭曰九五有孚惠心勿問元吉有孚惠我德。

斷曰九五坎爻坎爲孚爲心爲美亦爲後故爻辭曰有孚惠心美即吉也爲後

者適合足下養嗣之占也卦以損上益下爲益就養嗣論益在損父益子有孚

惠心是父以誠實之心受惠于子子必樂爲其子不待問而知其吉也子既受

父之惠當必有以報父之德將承父之業繼父之緒必與父之宗故曰有孚惠

我德詩所云爲他人子可不必咏也。

○明治二十八年占我國與清國交際筮得益之頤。

爻辭曰九五有孚惠心勿問元吉有孚惠我德。

斷曰此卦內卦爲雷其性動外卦爲風其性順內卦屬我外卦屬清即可見兩

國之動靜矣卦名曰益知兩國必互受其益爻居九五應在六二二內五外亦

當以二屬我以五屬清。二爻曰。或益之。十朋之龜弗克違。永貞吉。在我國得此

十朋之益者。即清之償欵是也。永貞吉者。謂其吉不徒在一時也。五爻曰有孚

惠心。勿問元吉。有孚惠我德。謂清與我國從此議和以後兩心相孚惠澤旁流。

各以誠心相待不問而知其元吉清有惠及我亦德報清清之益即我之益。

所謂唇齒相依者也論歐洲各國虎視耽耽唯圖損清而益己或侵其地或奪

其利在清固守舊政不知改圖其爲外邦所損削者。亦不知凡幾矣而我與清

幅員相鄰交好素密固與外邦不同當思有利共享有益共受以共保此東海

之國也象傳曰大得志也知兩國信惠交孚必當得志而行大有振作之爲斯

不爲歐西各國所輕視也。

上九莫益之。或擊之。立心勿恒凶。

象傳曰莫益之偏辭也。或擊之自外來也。

上九陽剛居外卦之極是求益而過甚者也。太過則變。變則不爲益而爲擊矣。

聖人觀象設卦以損上益下。爲益。其心本偏在厚下至上。九爲上之益下者已
多。轉而責下之益上。非特莫益之矣。且或擊之。或者衆而未定之辭。上動體爲
屯。屯其膏即莫益之謂也。反卦損損上爲艮。艮爲手。故稱擊也。巽爲進退爲不
果。是无恒也。上動爲坎坎爲心。本以益下之心。易而爲益上之心。是无恒也。旁
通爲恒。恒上曰振恒凶。振恒致敗于垂成无恒。不可以持久。故皆凶也。象傳所
云偏辭者。謂其心之偏而不公也。外來者。謂其擊之出於意外也。

（占）問時運。好運已退。貪心過甚。防有意外之禍。○問戰征。不待添兵加餉即可
進擊。○問營商。專求利已。所謂不奪不饜。必啓爭端凶。○問功名。奪人之功以
爲名。其名必不久也。凶。○問家宅。此宅地位太高。有害無利。不可久居。○問婚
姻。恐不能偕老。○問訟事。訟事无恒。轉凶爲吉。○問行人。防中途有盜刼之患。
凶。○問失物。或已打破。不可得也。○問六甲。生女。

（占例）友人某來。請占氣運。筮得益之屯。

爻辭曰。上九。莫益之。或擊之。立心勿恒。凶。

增補高島易斷

斷曰。卦名曰益。本有大得利益之象。今占得上爻。上爻居益之極。物極則變。恐

非特無益。且有損傷之患。爻辭曰莫益之。是无益也。曰或擊之。是被傷也。曰立

心无恒。謂人心不測。反手爲雨覆手爲雲。防有意外之變也。終之曰凶。明言其

占之不吉也。爻象如是。足下當有戒焉。友人聞之。頗爲心憂。後據所聞。此友一

日至某家。商借千金。適某家藏金無爲多。僅假得五百圓。懷之而歸。途過某友

家。告以其故。曰今因商用要欵。約需千圓。頃向某氏貸得其半。復欲向君假取。

以足其數。此友即以囊乏餘金。婉辭不知此友近遭破落。知其携有巨金。忽生

不良。伺其歸途。乘間要擊奪其金而去。某氏失金。又被重傷。曰後此友就縛始

知奪金者。即爲此友。倍感易理先示其兆也。

○明治二十六年某月。受親友雨宮敬次郎之囑。占銀貨漲落之結局。筮得益

之屯。

爻辭曰上九。莫益之。或擊之。立心勿恒凶。

斷曰。此卦下卦爲震。震爲元黃。上卦爲巽。巽爲白色。白色銀。黃色金也。卦象巽

上震下。是爲銀高金落。可知銀之出產。多量於金也。爻辭曰莫益之。或擊之。立心勿恒。凶莫益之者。爲價不再漲。或擊之者謂價必損減。或者。將然之辭勿恒者。謂時價無定也。上爻變而爲屯。屯者難也。銀貨下落。市面皆受困難。必待出益入夫。夫者決也。將決去其弊。使銀貨時價。再得復舊也。若第以紙幣充行。恐未可永久繼續也。

≣≣≣ 澤天夬

序卦傳曰益而不已必決。故受之以夬。夬者決也。夫物未有增益盈滿而不潰決者。夫所以繼益也。夫與剝反。剝以五陰剝一陽。陽幾於盡剝者削也。其心險。故其剝也深而剝。夬以五陽決一陰。陰幾於盡夬者決也。其氣剛。故其決公而明。卦體乾下兌上。澤在天上。有決而欲下之勢。故名其卦曰夬。

夬揚于王庭。孚號有厲。吉告自邑。不利即戎。利有攸往。

夫。五陽方長。孤陰垂盡。兌在乾上。是一陰處羣陽之上。其勢足以壓制羣陽。羣陽雖盛。不敢以造次求夬。乾為王兌為口。揚于王庭。是聲明小人之奸狀宣揚於王庭之上。孚號者。五剛合志。衆口同聲。呼號其侶以決一陰。有厲者。譬如履虎咥人。時切危懼。故屬兌二動為震。震為告。兌上本坤。坤為邑告邑告坤也。坤

勢至兌已孤。告坤者欲其一變從乾。去邪就正。歸爲君子。若恃此一陰。與五陽

相抗則疑陽必戰其血玄黃不利孰甚焉。故曰不利即戎。乾爲健行乾陽剛直。

不爲難阻剛德曰進。斯陰邪曰退。故曰利有攸往。

象傳曰。夬決也。剛決柔也。健而說。決而和。揚于王庭。

柔乘五剛也。孚號有厲。其危乃則光也。告自邑不利即

戎所尚乃窮也。利有攸往。剛長乃終也。

兌澤乾天。兌爲附決。決之文從夬。故夬取義于決。一柔五剛合而爲夬。是謂之

剛決柔也。乾健巽說。乾健而決。巽說而和。是謂之決而說。五陽在下以下夬上。

不明其罪不足以正其辜。故必聲罪致討顯然揚布於君廷以示公正而无私

曲也。孚者信也。號者。號令也。厲者危也。秉乾之信召號羣陽。共力一決。夬履易

位。履五曰夬履貞。厲者謂懷此危厲。乃能履之而不疚。履象曰光明也。故夬象曰

其危乃則光也。告誠也。陰居上位。必有來地邑。即陰之邑也。告自邑謂戒之用

勤。使之自退告而不退則董之用威必將羣起而攻之。是即我也以不挑五勢

必不利尚加也。謂陰雖加于五陽之上。至此而陰乃窮矣。不利在陰利在升陽

陽剛齊進以夬一陰是去惡務盡往何不利柔消剛長故曰剛長乃終也。蓋君

子之去小人。深慮熟計不敢輕用其夬。必先告以文德不得已而後出以武功。

視小人之害君子殘忍苛刻其用心迥不同也。

以此卦擬人事。陽正而陰邪。剛直而柔曲。人事與國事。雖分大小而害則一也。

一在治家。奸邪固足兆禍。無論羣邪競進其家必亡即或間容一奸似可無害。

不知遺孽之萌。由此漸滋其終遂致蔓延而不可去。一在交友便僻固足招損。

無論朋比皆奸。其隙必深即或偶與往來。亦嘗思避不知既入其黨因之墮名。

其終必至牽連而不可解。譬如羣鳥之中畜一鸇而羣鳥皆被其噬。譬如百穀

之中留一秕。而百穀咸受其害。君子處此不敢以邪勢之孤而寬意容之。亦不

敢以邪勢之孤而輕心除之。必爲之聲明其罪宣告大衆照示信義號召群陽。

其事雖危其道乃光而猶不欲急切用猛有失忠厚之道故必就其家而告之。

詔以去邪歸正。勿終迷復。如其不從。則與衆用強。勢所不免。然不利在彼。而利

終在我。一陰勢衰。衆陽力盛。所往故无不利也。去惡如去草。務絕其根。不使復

萌。一陰雖微。務盡夫之。斯陰盡滅。而陽得盡長矣。如是而夬之事乃終。法此卦

義以處人事。斯陰消而家道正。邪去而交道善。凡起居動靜。一以崇正黜邪爲

主。而人事全矣。

以此卦擬國家。就卦體而言。五陽爲五君子。秉乾陽之德。剛方中正。霦霦在位。

不可謂非國家之福也。獨惜首居上位者。爲陰險奸邪之小人。如漢獻帝朝之

有曹操。宋高宗時之有秦檜。方其初在奸臣亦嘗屈已下賢。羅致羣材以收人

望。而在正人君子必不不受其牢籠。務欲削除姦惡以清朝政。或奏牘以辨奸。或

奉詔以除亂計謀不密。反致斥爲罪臣。目爲朋黨。古來忠臣傑士。由茲羅禍者

不乏其人。是皆未詳審夫夬夬之義也。夬之卦體上兌下乾。五陽在下。一陰在

上。夬之卦義。合此五陽以夬一陰。象爲澤上於天。夬意將決此天上之水。使至

下流。夫之不愼。勢必洪水滔天。則一陰未去。五陽反被其害矣。象傳所稱剛者

九一〇

陽也。柔者陰也。健而說。健而不專用其健也。夬而和。決而不遽施其決也。莫

慎周詳為何如乎。揚于王庭。所謂聲罪致討也。孚號有屬所謂夕惕有屬

深慮熟計為何如乎。然猶不欲直行力爭也。嫉惡繼嚴。而勸善猶必先進而

告之曰。驩兜共工聖世必流惡來飛廉盛朝見戮毋恃高爵宜早投誠從則復

其官不從戮于社利與不利請自擇焉蓋所謂告自邑不利即戎尚乃窮也吾

儕同志黜邪崇正以光朝政以肅官方志在必往以終乃事是所謂利有攸往

剛長乃終也。自來小人之害君子也。窮凶極惡。無所不至。而君子之待小人也。

每以姑息寬容反受其禍象傳所云剛長乃終者以示後世除惡務盡之道也。

觀六爻無一吉辭多以凶咎為戒所以痛絶小人亦即以申警君子履之一陰。

目之為虎蓋君子之防小人無異防虎也。不則即為所咥矣。象所謂健而說夬

而和夬陰之旨在其斯乎。

通觀此卦五陽一陰之卦凡四。履夬姤小畜是也。姤小畜一陰屬巽。夬履一陰

屬兌。履一陰在三。小畜一陰在四。是小人處君子之間姤一陰在下。是初進之

小人也。其勢本孤。其力皆微。夫則一陰在上。是小人居高臨下。足以壓制羣剛。
未可輕用力夫者也。故象言健言決言揚言號言告言往皆示以必夫之意言
說言和言厲。言危言不利。皆惕以用夫之懼大壯之戒用壯夫之戒用決其旨
同也。若藐視孤陰。恃羣陽之盛勢。而造次求決。此私智自雄非觀變時中之道。
古來黨禍可爲前鑒。六爻之辭多與象傳相表裏。初爻戒以不勝二惕以有戎三
警以有凶。內三爻屬乾。乾健也。健所以宜進於說也。四曰濡有濡五曰夬无咎。
上曰不可長。外三爻屬兌。兌和也。和乃可以用夫也。在五陽秉剛決柔是以盛
決衰以強決弱宜若易易。而易辭諄諄垂誠不勝危懼。蓋謂君子易消小人難
退。由來已久夫之一陰。決之未盡妬之一陰。即生於下陰陽消長不能與造物
爭。而因時保護唯存乎其人而已。

大象曰。澤上於天。夫君子以施祿及下。居德則忌。

兌爲澤之氣。上天則化雨而下降。有夫之象。故曰澤上於天。夫君子法此象。取

上之富貴德澤施之於下。故曰施祿及下祿之及於天之澤於萬物也。下之
待祿猶萬物之待澤於天也。君子與賢者共治天職共食天祿未嘗以德自居、
若居德自私斳而不施。失夬決之義。故曰居德則忌忌禁忌也凡行惠施之
事。喜決而忌居乘危構怨之事。喜居而忌決是尤聖人言外之意也。

（占）問時運目下氣運強盛財宜散不宜聚聚則有禍○問戰征賞要明罰要公。
切勿誇張自伐尅減軍糧○問營商獲利頗厚但利已利人。分財宜均若斳而
不施。必致衆嫉○問功名澤上於天有居高位之象。盈滿致損所當自警○問
家宅澤在於天防有水溢之患。○問婚姻夫有決絕之義且夫反爲妬妬曰勿
娶女此婚不成。○問訟事夫者決也。有斷之義一斷便可了訟○問六甲生男」

初九。壯于前趾。往不勝爲咎。

象傳曰不勝而往咎也。

初九居卦之下爲夫之始。是率先而用夫者也。故曰壯于前趾壯趾之辭與大

壯初爻同所謂前者較大壯尤長一陽也夫以最下之陽往而決最上之陰上
下懸殊其不勝也必矣若其徑情直往不特無濟於事反以招咎亦何取其往
乎爻辭爲初當觀變待時量力而進毋以躁妄速禍也象傳以不勝而往釋之
謂於未往之先而已知其不勝也較爻辭而益激切矣

(占)問時運貫氣太盛任意妄動動必得咎○問戰征將微位卑恃勇直前必致
敗北咎由自取也○問營商不度地位不審機宜牽意販貨前往不特傷財更
防損命宜愼宜戒○問功名躁進取敗○問婚姻門戶不當不合合則有咎○
問家宅此宅地勢低下遷居不利○問行人宜即歸可以免咎○問失物不必
往尋尋之反有餘禍○問訟事宜即罷訟○問六甲生男

(占例)豐島某來曰余近有所謀請占其成否筮得夫之大過

爻辭曰初九壯于前趾往不勝爲咎

斷曰夫者決也卦義在用剛決柔初爻之辭謂不勝爲咎是謂不可牽爾前往
也今足下謀事卜得初爻就卦位言初居最下就爻辭論往必不勝想足下所

謀之事。地位必高。非易攀及。雖與足下同志者。尚不乏人。而足下獨欲奮身前

進。不自量力。不特其謀難成。反致招咎足下宜從緩圖之後。某不從占斷遽往

謀事。果招其辱。

九二。惕號。莫夜有戎勿恤。

象傳曰有戎勿恤。得中道也。

二居乾卦之中。得乾夕惕之義。故曰惕號莫夜。惕號者。內凜警惕而外嚴號令

也。即象傳所云孚號有屬之旨。莫夜者。凡陰爻皆屬坤象。坤爲夜況寇盜窈發。

乘其不備。多在昏暮。故嚴密周防。莫夜尤宜加警。二動體爲離。離爲戈兵。故曰

有戎。勿恤者。九二爲坎爻坎爲恤。坎得正。故勿恤。有戎勿恤謂有備無患也。象

傳以得中道釋之。二居乾之中。謂有戎勿恤者。能得大哉乾元剛健中正之道

也。

（占）問時運目下運途中正。事事謹愼。即有意外之事。皆可坦白无患。○問戰征。

軍事最患夜襲宜時作警備可以無憂。○問營商販運貨物盜警水火。總宜保

險使可无慮。○問家宅此宅陽剛過盛二爻動而變離火災宜防莫夜更當小

心。○問婚姻婚字從女從昏故稱昏禮有暮夜之象。詩云弋鳬與雁弋有戎象。

勿恤即有喜也婚姻吉。○問訟事即可斷結无憂。○問疾病日輕夜重是陰虛

火盛之症當愼意調治可以无患。○問六甲生男。

（占例）某豪商家甲幹某來曰僕爲商用旅行暫以店事托友代理不料彼等通

同舞弊擅支餘金又復僞擅貨價捏造虛帳余近己得悉奸狀意將摘發其私。

以正其罪抑將隱瞞其跡以了其事乎二者若何請爲一占筮得夬之革。

爻辭曰。九二惕號莫夜有戎勿恤。

斷曰夫者以剛決柔爲決去小人之卦也。上爻一陰。是奸惡之渠魁也。五陽在

下。合志去讒。象傳曰孚號有屬謂明信發號而不勝危厲奸惡之難除如是。今

足下占得二爻辭曰惕號莫夜有戎勿恤凡作僞舞弊皆爲陰謀陰爲夜且鼠

窃之徒。盡伏夜行其象亦爲莫夜而因事防維亦要在莫夜之間號惕者爲警

惕申令。如防盜然。終夜擊柝也。兌爲口與戎。足下若過於嚴詰彼等皆爲

窮寇。小則口舌。大則用武。在所不免。足下理直辭當。彼即用武亦無憂也。故曰

勿恤。至夬卦全義。雖在夬去小人。而象稱健而說。夬而和。是夬之中。亦不失忠

厚之意。足下其審度行之。某甲榦聞而大感悉從予占其事乃得平和而了。

九三。壯于頄。有凶君子夬夬。獨行遇雨若濡有愠。无

咎。

象傳曰君子夬夬。終无咎也。

頄者。面額也。三爻居乾卦之極過剛不中。極夬卦大象。大率與大壯相似。故初

與三皆稱壯。壯于頄者。剛壯也。壯于頄者。是剛怒之威先見於面也。凡謀途奸臣。最

宜深計密慮。不動聲色若事未舉而怒先形則機事不密災必及身。故曰有凶。

夫三之君子。即乾三也。乾曰乾乾。故夬亦稱夬夬。謂夬之又夬也。夬陰者五陽

而三獨與上應。乾爲行。故曰獨行兌爲雨夬反則爲姤。姤爲遇。故曰遇雨。兌澤

在上有降雨之象。三獨行前進。有遇雨之象。濡濡滯滯也。獨行遇雨。而若有濡滯
焉。慍即詩所謂慍于羣小。故曰有慍然。君子志在袪邪。雖與上敵。實與上敵。即
濡滯而必進。雖有慍而无咎象傳以終无咎釋之謂无咎即從乾三來陽盈於
三。當上下之交其地本危。君子夫夫獨行。雖若濡有慍有危。心无危地也。故終
得无咎焉。

(占)問時運日下運得其正。但陽氣過盛率意獨行。未免被人疑忌。然幸可无咎。
○問戰征孤軍獨入防中途遇水。有阻。然亦无咎。○問營商。孤客獨行雖得无
咎。恐遇雨有阻濡滯時日。○問功名孤芳獨賞。恐遭小人所忌。○問家宅此屋
門面壯麗棟上恐有滲漏。致被濡濕。急宜修葺无咎。○問婚姻爻辭曰獨一時
未得佳耦。○問疾病面上浮腫。必是濕熱之氣上冲所致。醫治无咎。○問六甲
生男。

(占例)明治二十二年某月。占印幡沼開鑿。
按關東沃野爲常總武野。皆自利根戸田兩川流出之泥土。連絡安房國。故上

總下總之國即爲上洲砂下洲砂也。乃知關東居民均沾利根戶田兩川之利。

兩川中以利根爲大。其水常注下總銚子港。流出之泥沙。歸入大海善讒地利

者深爲國家惜之。若能開鑿印幡沼。跣通檢見川導此流出泥沙。歸蓄於東京

灣上。積日累歲。便可漲成一片沃壤。使上總下總之間。又可添出中總。與古來

天明度田沼玄蕃頭天保度水野越前守等同此利益也。在開鑿之地中有一

種稱爲硅藻土。試以此土和水攪之半浮半沈。土無膏粘用之堤防立見崩壞。

唯積其土於兩岸以重物鎮壓之地底泥土爲之突出斯得堅固約計開鑿之

地。凡四里。自印幡沼。至大和田一里半皆平坦。間有一二丈高低而已。至在山

間之地常築三丈之堤。其上設置二十馬力之唧筒二十臺以此唧筒。一晝夜

觀音山之下。其山下所蓄硅藻土。每日被水冲擊約可流出二萬步之砂土以

可注入開方五萬步之水於堤中。儼如山中蓄一大湖。取水力所到衝過花山

一晝夜水力可代數萬人之勞力也。隨蓄隨流。凡經一年。左右之山土流空。可

變成利根一樣之川底。觀橫須賀船渠所用小唧筒。一時能浚乾船渠之水。知

啣筒之功力爲甚大矣。至山平地成之日。除去山間之堤。自大和田至印幡沼。

又成一方安居樂土。在布施新田之間當度地作堰塞堵利根川上流。使其水

流入東京灣或云移利根川於東京灣有患利根川下流水勢減少殊失通船

之便謂宜豫設善策。不知銚子港。地勢最平。南沿犬吠岬之暗礁。北帶常陸原

之沙漠流入于海至利根川一經大水口狹而水不得出每逆流而激入霞浦

北浦凡沿湖田圍被水所淹其害甚鉅得此開鑿竣功不啻免此災害可新得

數萬町步之膏腴。今請一占以決成否如何筮得夬之兌。

爻辭曰。九三壯于頄有凶君子夬夬獨行遇雨若濡有慍无咎。

斷曰澤爲受水之地以卑下爲用象傳曰澤上於天。是洪水滔天。其勢甚凶。故

卦以夬去爲義謂之夬者決也。決字從水從夬明是決水之象與所問開鑿印

幡沼水其象適合茲占得三爻辭曰壯于頄有凶君子夬夬獨行遇雨若濡有

慍无咎頄爲頭面是高處也譬言水勢壯盛于上。一經泛決其勢甚凶故曰有

凶君子者指此創鑿之人。夫夬夬者謂其功非一夫能了也獨行遇雨者議夬者

因多同志以三爲首創。故曰獨行。水之下流。一如雨之下降。故曰遇雨。若濡有

慍者。治水一夫勢必洶湧直下。凡所就近村居。或有稍被掩沒。未免有慍恨

之意。故曰若濡有慍。諺云謀大事者不記小怨。成大功者不顧小害。此沼鑿成。

其利及數十萬民。其功乖千百年。故象傳曰終无咎也。凡與一利必有一弊象

曰終无咎。可知此事有利有弊得以永終利莫大焉。

九四臀无膚其行次且牽羊悔亡聞言不信。

象傳曰其行次且位不當也聞言不信聰不明也。

（三）

夫與姤反對姤四臀无膚其行次且夫之四即爲姤之三。故其辭同。四體坎坎〔變〕

爲臀故有臀象。易例陽爲脊陰爲膚四本陰位故无膚且夫旁通剝剝四曰剝

牀以膚九膚則剝之已盡矣。夫四出乾入兌與上同體不無瞻徇之意。故其行

次且欲行而復退也。兌爲羊羊善決四亦羊之一能牽羣羊以行則悔可亡。

朱子曰牽羊者當前則不進。縱之使前而隨其後則可行。四隨九五之後。可以

牽之使進也。聞言不信。言即象傳孚號之辭。一時聲罪致討大言疾呼天下莫

不聞知。四首鼠兩端其行次且。四非不聞其言特以疑信不定。故欲進復止。尙

得謂有耳能聽乎。象傳以次且釋位不當謂四以陽居陰位剛爲陰掩。故曰不

當位也。不信釋聽不明。謂四居兌首與上相比。故曰聽不明也。

(占)問時運目下運途不當作事顚倒精神不安所謀難成。○問營商心無主見。

故販售貨物。每失機宜獲利殊難。○問功名次且者不進之狀焉得成名。○問

戰征臀无膚是見傷也行次且。是欲退也聞言不信。令不行也以此行軍。

何能決勝乎。○問疾病剝膚之災其疥癩之患乎防潰爛及耳致兩耳失聰。○

問家宅。此宅屋後無餘地屋前行路迂斜爲羊腸小徑居者尙无災悔。○問婚

姻。始則躊躇不決久之得以牽羊成禮。○問訟事防有杖笞之災。○問行人。一

時不歸。○問六甲。生女。

(占例)元老院議官西村貞陽前神奈川縣令井關盛艮兩氏偕一商人來訪兩

氏指商人曰此爲橫濱洋銀仲買雨宮啓次郎也。此友近以洋銀時價博取十

五萬圓。獲此巨金。意欲謀度此後基業。與余偕來。請求一筮。以決之筮得夬之

需。

爻辭曰。九四。臀无膚。其行次且。牽羊悔亡聞言不信。

斷曰足下以一博驟得十五萬金。可謂大幸足下欲定後來基業。問諸易占。余

有一策。先爲足下告之。山梨縣爲足下父母之鄉也。縣下有富士川川路淺狹。

不能運載重物。若陸道通横濱東京其路險惡。行道苦之。足下能將此巨金首

創一大利益。自山梨八王子通以達東京。開鑿馬車鐵道縣下富紳亦必聞風

興起則一舉可以成業。將合山梨長野兩縣人民。開一公行之便道可以一日

而達東京。其利益爲何如乎。在足下以此十五萬金。每年亦得沾五朱利潤約

計一年可得七千五百圓擬之華族之世祿不多讓也。今占得夬之四爻辭曰

臀无膚。其行次且。牽羊悔亡。聞言不信臀无膚者臀在人身下體无膚皮傷也。

知足下早年氣運不佳。不免有剝膚之患。今去皮而得肉。肉肥滿也爲目下得

巨金之象其行次且者爲足下既得巨金。籌謀不決。行止未定是來卜之本意

也。牽羊悔亡者。兌爲羊。亦爲金牽率也。言足下得巨金。就山梨縣下。創設馬
車鐵道牽率諸豪商共成此舉羊之義亦通祥夫易位爲履履二日履道坦坦
履上曰視履考祥其斯之謂與。旣曰其祥悔自亡矣聞言不信者言即余之所
言也。不信謂足下疑而不能從也就夫卦義言夫者亦爲夫去險惡而成坦夷
也。雨宮氏聞之唯唯而去閱十四日又來曰過日受敎實銘心肺不意歸途遇
同商某勸余乘此盛運再博一籌遂致大耗喪其過半後果再得巨利必從夫
命。余曰噫已矣爻象所示至此益驗臀无膚謂足下有切近之災終不獲安坐
而享福也。其行次且聞言不信與足下行爲深切著明不待解而曉然也牽羊
悔亡爲足下此後當牢牽此羊毋萠貪念否則此羊亦遂亡矣人生得失自有
定數易道先知不可强也。

九五。莧陸夬夬中行无咎。

象傳曰中行无咎中未光也。

莧陸之說馬鄭王皆云莧陸。一名商陸宋衷以莧爲莧荂陸爲商陸。分作兩物。

本義從之虞氏易作莞陸。以莞爲笑。以陸爲睦。諸說紛如各有偏解。按說文莧。

山羊細角者胡官切音桓莧字從廿象羊角不從艸夬全卦是兌卦皆有羊象羊

性善決。五動體大壯。夬之爻象多與大壯相同。大壯五曰喪羊。故夬五取象山

羊。古稱皐陶決獄。有疑罪者令羊觸之羊能夬邪是其明證四曰牽羊羊指五。

四在其後。而牽之也夬夬者。四五同卦牽引並進。故曰夬夬五居兌卦之中下

承乾來。乾爲行。故稱中行五陽至五而盡。上爻一陰。與五比近最易惑聽必待

夬而又夬始得去讒遠佞廓清王庭。中行者。中道而行示無偏曲不爲已甚象

傳以中未光也釋之謂五始近小人繼能聯合羣陽決而去之。雖不失中而於

光明之體終未盡顯。故曰中未光也。

(占)問時運運得中正萬事无咎。○問戰征五爲卦主是主將也率諸軍以齊進。

中行者。就大道而行故得无咎。○問營商。夬決去也爻當五位時令將過貨物

宜決計速售斯可无咎否則有悔。○問功名五爲尊位其名必顯。唯宜遠小人。

近君子。斯可无咎。〇問家宅。此宅蔓草叢生。幾成荒廢。當速剪除盡淨。居住无

咎。〇問婚姻。五與二應。五居兌中二居乾中。陰陽相合。羊取義於祥。有吉祥之

兆。故无咎。〇問疾病。五以陽居陽。陽氣過盛。宜調劑得中。可以无咎。〇問訟事。

以正決邪決去務盡不使復萌。訟乃得吉。〇問六甲。生女。

(占例)某華族家令來請占其老主人氣運筮得夬之大壯。

爻辭曰。九五。莧陸夬夬中行无咎。

斷曰。五爻與上爻一陰相比。羣陽在下。協力並進。決去小人以清君側。故名卦

曰夬。貴主翁向有癇癖維新以來隱居別邸遺棄故舊狎比小人以致家業日

索人所共知也。今占得夬五爻。夬之爲義以剛決柔。莧草柔弱易生易長。夬之

不盡漸復滋萌。是以夬而又夬。務使剪根滅種。然不得中行之道。不足以服邪。

亦不足以去害。唯其中行。故得无咎。五爲卦主正合貴主翁之象。務勸貴主人

遠小人親君子。家道乃正。氣運亦盛矣。

上六。无號。終有凶。

象傳曰。无號之凶。終不可長也。

號者即象之孚號。二之惕號也。至上則卦已終。夬已盡。謂小人之道已消。可以

无號矣。不知无號則小人之罪名不彰。小人之奸謀。亦將復起。夬於此終。姤即

於此始。故曰終有凶也。象傳申之曰。无號之凶。終不可長。夬相反。姤上一陽。

喜君子之猶存。夬上一陰。慮小人之復盛。陰消長。本相倚復明无號之凶。姤

之始。即伏於夫之終。故曰終不可長也。

(占)問時運。正運已退。更宜警惕。斯可免凶。○問戰征。軍事將畢。餘孽猶在所當

重申號令。警嚴戒備。始得廊清。若儆安忘備。終必有凶。○問營商。上爲卦之終。

是貨物脫售將盡。當重申後約。斯商業得以繼續。无號。爲无商業。名目其業必

凶。○問功名。无號。爲聲名滅絕之象。凶。○問家宅凡一宅之中。或書聲。或歌聲

或笑語聲以至雞鳴狗吠。皆有聲也。无號則寂滅無聞。其家必凶。○問疾病。是

陽盡陰息之症。痛痒不覺。叫號無聲。其病危矣。凶。○問婚姻。妁無言。不成。○

問訟事。冤莫能伸。訟不得直。凶。○問行人。未通音問。凶。○問六甲。生女。

增補高島易斷

（占例）一日外務書記官北澤正誠君來訪曰余同藩士佐久間象山先生當世

有志之士也夙講洋學旁說易理余嘗遊其門屢聞先生講說會長藩吉田松

蔭氏私謀出洋先生大贊其志賦詩贈之及松蔭事發先生被議幽閉江戶未

幾得免時長侯薩侯皆慕先生名遣使招聘先生皆不應其後一橋公重禮來

招先生乃應命余曰先生嗜易此行請為一筮先生曰今四夷內侵國步艱難

士應將軍之召榮譽莫大出而有為出在此時奚用卜為余復強之先生乃擧

筮占之得夬之乾先生曰此卦凶象然既應命不復猶豫唯愼而已攜筮將

發若不得馬適木曾氏有一馬來售先生知為駿馬高價購之呼其名曰都路

蓋取乘而上都之義先生過大垣寓於舊友小原仁兵衛氏邸小原氏亦知易

乃問曰此行易卜如何先生曰夬之乾小原氏默然久之如有阻意先生不語

告別而行至京都公卿盛來問賀一日赴中川宮召命酒間陳說歐洲形勢兵

備嚴整及騎衛之術興酣先生請間乃出乘都路試演騎術之精以自誇耀中

川宮大為賞贊親賜杯酒先生感激曰微臣出自卑賤忝殿下之寵遇榮譽已

極。復改都路爲王庭。拜謝而退。歸至木屋街浪士左右要擊殪先生於馬上。余
時在藩邸。聞變慨嘆驚感易理神妙凶禍之來。有不能倖免矣僕聞北澤之言。
謂象山先生。雖能知易而惜其不能守易。終爲急於用世之念誤之也僕有感
於此特節其語以附錄之。

天風姤

姤為夬之反。夬似以一陰在上。五陽決之。幾至於盡至於姤而一陰復生於下。造化之理。陰陽奇偶。如影隨形循環反復。去而復生。天地不能有陽而無陰。聖人雖惡陰。而終不能絕陰。姤之一陰。即自乾元下畫而來。履霜之漸。已兆於此矣。接姤字從女。從后。女陰象。后與後通謂陰即伏於乾後也。此五陽一陰卦之所以名姤也。

姤。女壯。勿用取女。

姤五月之卦。一陰自坤初來。生於乾下。坤為女。又為老陰。故曰女壯。蓋陰之始生。其機甚微。其勢甚捷。寒泉堅冰漸積漸長。陰之侵陽。有防不及。防者矣往往家道之索。其始皆肇於女子。是壯莫壯於女也。懲其壯。故戒以勿取。特於姤陰始生發之。所以杜女禍之萌也。

象傳曰。姤遇也。柔遇剛也。勿用取女。不可與長也。天
地相遇。品物咸章也。剛遇中正。天下大行也。姤之時
義大矣哉。

姤古文作遘。或作逅。遘謂行而相値也。逅遘謂不期而會也。要即相遇之義
也。卦體下巽上乾。乾者天也。巽者風也。天本清明在上。而微風乍起。適與相遇。
故曰柔遇剛也。娶女本人倫之大。然詩野有蔓草。爲男女相遇之私遇。而不正。
故曰勿用取女。而傳謂不可與長。蓋防姤陰之長。而侵陽也。惟相遇而不相侵。
斯陰陽相濟。而適以相成。夫獨陽不生。獨陰不育。天地相遇。乃能生物。乾曰品
物流行。坤曰品物咸亨。惟其相遇有成也。姤當四月純乾之後。坤陰始生。乾爲
剛。坤土居中。爲中正。謂之剛遇中正。將見天子當陽出治。握乾德之剛方。闢坤
陰之中正。斯德以位顯。道與時行。黎民於變。四方風動。在此時也。風之行最捷。
風在天下。故曰天下大行。王化行而禮義修。禮義修而風俗正。江漢汝墳之間。

女子皆能貞潔自守相遇而不與長。復何慮乎女壯者哉。姤之時爲盛夏。姤之
義爲純乾夏之爲言養也乾之爲言健也姤之時義之大于此可見矣。
以此卦擬人事。人事不外男女嫁娶。是人倫之大端也。勿娶則人倫滅。天地閉
絕。陰陽睽隔。不生不育。不特無以爲家。抑且無以爲天下矣。象所謂勿娶者非
不娶也。爲勿用姤道以娶之耳。姤字從女。其義爲遇。女本陰柔陽遇之而授以
權則陰乃長陰長則女壯。五陽雖盛。一陰得以消之矣。傳曰不可與長。是抑其
壯而歸之以中正也。所遇既得在正中。則巽順以從。所謂宜爾室家樂爾妻孥。
刑于之化可行於邦國。由是而推之。即天下亦可大行矣。夫何憂夫女壯哉。聖
人作易。以著消長之幾。陰陽起伏。不能偏廢。惟在因時以保護之耳。故六爻之
義。多取以陽包陰。而九五之包。最得中正。諸爻之受其包者固包。即不受其包
者。亦不能外其包。斯陰不至於侵陽。則陰陽得其平。陰陽平。而夫婦之道和夫
婦和而人事乃無不中正矣。
以此卦擬國家。自來國家顚覆。其釁每肇自閨閫。如殷紂之亡由妲已。周幽之

亂啓褒姒。女壯之禍。萬古垂鑑。聖人於姤卦首示其戒懼之曰勿用取女。蓋所

以遏其流而杜其漸也。其義則正。其旨則嚴。而其辭未免過激。懲其壯而勿取。

不特人倫有缺。且何以處關雎好逑。鷄鳴戒旦也耶。故傳申之曰不可與長謂

所惡於女者。惡其陰之漸長也。陰不長則陽不消。陽足以育陰。陰不能剝陽。

斯相遇而不相爭。且更得其相助。王者之化起自宮中。后妃之德。被于江漢。自

來郅治之朝。未嘗不藉內助之賢也。姤者。遇也。卦體上乾下巽。乾剛巽柔。謂之

柔遇剛也。推之天地相遇而品物生。夫妻相遇而家政修。君臣相遇而治化行。

蓋得遇則成偶。不遇則爲奇。事無大小。未有不以相遇而成者也。特所遇務期

中正耳。姤卦六爻。惟九五獨得中正。以杞爲剛。以瓜爲柔。杞之遇瓜。即剛之遇

柔。得其包。則剛不爲柔侵。而柔自樂爲剛用。諸爻亦以正中爲吉。以不得正中

爲凶。剛包之。實乾元包之。大哉乾元。其遇者廣。其包者愈大矣。爲姤言之。非專

爲姤言之也。國家教化之臧否。皆可于此卜之矣。

通觀此卦。卦之體屬夫女。卦之義取夫遇。卦之象用懲其壯。卦之用戒其與長。

天下不能無女也。天下亦不可無遇也。因其壯之為害。而遂欲絕其女。卻其遇。
是率天下於寂滅之途。豈聖人作易之旨哉。蓋壯之為害。不在於壯。而在與壯
以權者。壯乃得而漸長。倘日不可與長。則壯無其權。而女不為害。相遇適足以
相成。而遇正大可用也。姤之為卦。何嘗不善於乾天上達巽風下行。帝出乎震齊
乎巽。相見乎離。遇之象也。是以天地得遇而物生。剛柔得遇而道平。君臣得遇
而治成。姤之時義所以為大也。天下有風為天風相遇。天無遠而不覆。風無遠
而不屆。古先哲后以大中至正之道宣告四方。象取此耳。爻以九五陽剛居尊。
為卦之主。初以一陰方來。有君民相遇之象。二以剛中下應。有大臣宣化之象。
五所用以招攜懷遠風行下國者也。三四上三爻。或病於牽。或失於遠。或傷於
窮。是皆不善於包。而相遇之未得其中正也。聖人愛陽而惡陰。愛陽而喜其來。
故於復之一陽。而喜其來。復惡陰而亦不能禁止其不來。故於姤之一陰。而戒
其用壯。可見聖人之于陰。未嘗不予陰以並生。但不使陰之浸長為患也已。

大象曰天下有風。姤。后以施命誥四方。

風字从几从一从虫几象天體。一者大也。虫者生化之機。巽爲虫風之來

也。遍行天下。故曰風乾爲君。巽爲命君門九重。堂下萬里命誥不施。上情壅而

不通。下心疑而未信。何以與民遇哉。故凡立一政與一法。必頒之典章。布之訓

誥。自朝廷以及里閭。使天下曉然而知上意風教之行疾如音響。故曰后以施

命誥四方。乾爲西北巽爲東南四方之象也。

（占）問時運好運盛行。能使四方聞名。○問戰征軍令迅速。賞必信罰必行有席

捲天下之勢。○問營商爲商爲利宜販運遠方。可以隨在獲利。○問功名有名

揚四海之象。○問婚姻昏禮所重。在父母之命。媒妁之言。猶政事之有誥命也。

得其正則天下可行也。○問家宅此宅防有被風傾圮之慮。○問疾病小兒爲

驚風大人爲肝風。防有四肢不仁。或手足牽拘之症。○問訟事。此訟牽連甚廣。

一時未得罷休。○問失物竊者已遠颺難以再得。○問六甲生女。

初六。繫于金柅貞吉。有攸往見凶羸豕孚蹢躅。

象傳曰。繫于金柅柔道牽也。

初得巽下一陰。女象也。乾爲金巽爲木。木入金成柅之象。故曰金柅。金柅絡絲之柄。女子所用繫于金柅繫絲也。繫猶牽也。絲至柔。故傳曰柔道牽。九家易曰。絲繫於柅猶女繫于男高古錄云晉武帝選女子有姿色者以緋綵繫其臂。是其證也。按繫者爲繫著不動。婦人之德。靜爲吉。動爲凶。繫而不動則貞吉有攸往則見凶婦人言不出閫行不履閫行將何往則必不安於室也。凶可知矣。初六辰在未上值柳南宫侯曰柳其物羊豕故象豕。初巽陰柔爲之牝豕。羣豕之中羸强而牝弱故曰羸豕。牝豕陰質而淫躁動尤甚。初以柔承五剛不繫而往。故曰羸豕孚蹢躅。不安也。柔物豕爲陰獸。一失其繫絲必棄亂豕必奔突。任其所往。勢必消陽而剝剛。其蹢躅也。不待否剝之至。而已可預知矣。孚信之先至者也。

（占）問時運目下運途有所牽制。不可妄動。妄動必凶。○問戰征。初爻爲出軍之始巽象陰柔。兵力必弱。顯見固守則吉。躁進則凶。○問營商利坐賈不利行商。

○問功名宜守舊而已。○問婚姻九家易曰絲繫于梶猶女繫于男正位夫內。

故吉。○問家宅此宅防有閨範不修之羞。○問疾病此病是陰弱之症宜安居

靜養。○問失物必爲繩索所繫即尋則得過日不能得也。○問行人在外必有

女子牽連不能即歸。○問六甲生女。

（占例）明治十八年十二月。鳥尾得菴居士來訪談及東歐亂事居士謂予曰。方

今布加利阿羅美里兩國暴動關係全歐大局予幸占其結果筮得姤之乾。

爻辭曰初六。繫于金梶貞吉有攸往見凶。贏豕孚蹢躅。

斷曰姤者遇也。是必率然相遇而啓釁也。初爻屬巽。一陰微弱。是必小國也。初

應在四四日包无魚是爲包藏禍心因而起凶者也。意者其在露西亞乎在布

羅二國。能各安疆界共相修好如否卦所云其亡其亡。繫于苞桑。是安不忘危

治不忘亂得其繫而國本固矣即爻辭繫于金梶貞吉之旨也。若無端而聽外

邦之唆惑妄動干戈勢必立見凶災即爻辭所謂有攸往見凶是也。贏豕孚蹢

蹢者。說文亥爲豕。戌亥乾位。則豕占屬乾。故有豕象。初本一陰爲巽。

巽柔弱。故爲羸豕。巽爲躁卦豕又陰淫躁動。故曰蹢躅。謂二國庸弱闇眛。如豕

之貞墊猖狂躁動。如豕之出互。徒見見紛擾奔突而已巽爲風。象傳曰天下有

風想。因此二國開隙恐天下亦有聞風騷動者矣。究其結末。當在上爻之時。上

爻曰姤其角。爲姤之終。上乃窮矣窮上反下。二國庶反而修好也鳥尾君聞之。

殊有所悟。

九二。包有魚。无咎。不利賓。

象傳曰。包有魚。義不及賓也。

乾爲包巽爲魚。魚陰物。謂初二包之。故曰包有魚剝之貫魚。即從姤之一魚所

生。能就姤之始而包之。故得无咎。二居內卦之中當剛柔相遇之始。見其爲柔。

特以優容而並包之。不敢以激烈而啓變亦不至以姑息而養奸斯誠禦陰之

善道也賓謂四九。四辰在午。上值張。石氏曰張主賜賓客二有魚。四則无之是

不及四也。故曰不利賓。傳以義不及賓釋之不及者。即象不與長之義。千古禦

小人之法莫善於使之不相及。予之以並生不予之以漸長則終无相及之時

矣。姤初之不利賓以二爲之包也。

(占)問時運人生處世安得相遇盡爲君子惟當曲意調護不爲小人所害。自得

无咎。○問功名魚有化龍之象。包有魚者。魚已爲其所包矣。則升騰可必也。不

利賓利必在已也。○問營商。包爲包羅富有之象衆維魚矣。魚亦有衆多之象。

主貨物充盈財利富厚不利賓爲其利非外人所得竊取也。○問戰征史記白

魚入舟注馬融曰魚介鱗之物兵象也。魚而能包是必善用其兵者也曰不利

賓賓即敵也。敵必可破矣。○問婚姻魚陰物以陽包陰。姻事成矣。○問家宅焦

爲陰物。象取女子此宅定是女子主政。○問疾病防有池魚殃及之災。○間六

甲生女。

(占例)某甲來請占氣運筮得姤之遯。

爻辭曰。九二。包有魚无咎不利賓。

斷曰此卦以一陰而上接五陽必女子之不貞者也今占得姤茲姤辭曰姤女

魚魚陰物善敗包有者是匿藏其物而有之也又曰不利寅知寅亦體欲剝兩

有之及有之而反爲不利于寅其必利于主矣想此物儼如魚之在市爾

可有我亦可有本無定主也利不利在包之者善自爲之耳後據所聞知某甲

來占非爲氣運實爲一女子耳商人留妻於家暫歸故里經四月而囘其妻以

夫不在與某甲私通及其夫來乃以其妻寄之於外國商人詭云以豫借外國

人數百金不得已以身抵之其夫無力償金遂棄其妻而去某甲乃得取爲巳

妻後某甲死財產悉歸其妻所有故爻象發現如此

象傳曰其行次且行未牽也。

九三。臀无膚。其行次且。厲无大咎。

姤與夫反對。夫之臀在三。姤之臀在四。姤三即夫四也。三居下體之上。巽在股。
臀在股上。故三有臀象。剝四曰剝膚。是剝陽也。姤三亦爲初陰所剝。故曰无膚。

增補高島易斷

上卦爲乾乾爲行三居乾巽之間。柔未變也。故其行次且。有危心焉乾之三鳳

无咎。姤三化巽變柔進退不果。其次且也。即其咎也。幸其由此以進行將入巽。

尚不失健行之性。故曰无大咎象傳以行未牽釋之。牽者牽制也謂其行雖緩

尚能不失乾健不爲陰柔所牽制也。

(占)問時運。氣運柔弱諸事遲疑是以動輒有危。○問戰征欲進不進因疑生危。

不能得勝也。无大敗亦幸矣。○問營商販運不決安能獲利。○問功名尚須運

緩以待。○問婚姻遲緩可成。○問家宅此宅後面牆屋定已傾圮矣。殊爲可危。

修葺斯可免咎。○問疾病此病必是下體潰爛行坐不安治之无咎。○問訟事。

防受笞杖。○問失物物已損壞遲之可得。○問六甲生女。

(占例)有友請占一事以決成否筮得姤之訟。

爻辭曰。九三臀无膚其行次且。厲无大咎。

斷曰。姤者不期而遇。爲其事之出於意外者也。今足下占得三爻細玩爻象臀

在人身下體。所以安坐也。无膚則坐不得安。次且者。昧於事幾。欲進而不進則

行不能決。坐行兩難。是以有屬也。其事終歸不成。故亦无大咎。

○明治二十八年六月。三浦中將奉命爲朝鮮公使。臨行占問朝鮮交際政策。

筮得姤之訟呈之內閣總理大臣。

爻辭曰九三。臀无膚其行次且厲无大咎。

斷曰卦名曰姤。姤遇也。方今海禁大開玉帛往來。正當萬國會遇之時也。卦體

五陽在上。一陰在下。是孤陰爲羣陽所制有大國携服小邦之象。今當三浦中

將出使朝鮮爲占兩國交際方略公使外行則當以我爲外卦以朝鮮爲內卦

內卦爲巽柔順無力可見朝鮮之弱小也臀在身後爲隱伏有後宮之象主有

妃妾擅權侵害朝政。尤膚即剝膚爲切近之災。致不能安坐深宮也。天下大勢。

正當改舊從新力圖富強朝鮮因循舊習欲改不改。是爲其行次且也。國勢之

危因此益甚。故屬三居巽之終爲乾之始。將化柔而變剛以內卦而從外其必

改而從我也。三又以二四爲上下隣。朝鮮向屬清國。四謂清也以不包而起凶。

二本乾體謂我國也。以克包而无咎。朝鮮盛衰之機。歷歷可見。在我國交際之

道要亦不外是焉。

○明治三十年。占伊藤侯爵氣運筮得姤之訟。

爻辭曰。九三。臀无膚。其行次且。厲无大咎。

斷曰卦體乾上巽下。一陰生於五陽之下。陰小人也。浸藏浸長五陽漸受其剝

而不自覺也。今占得三爻曰臀爲人身下體曰无膚爲剝傷已甚曰其行次且。

爲剛而變柔故欲進不進。是皆小人之情狀也。在侯剛方端正斷不爲小人所

惑。唯此五陽中一有不察。將有授之以權。而小人隨得出而爲難。凡侯所建善

後之謀。必爲之而敗所策力行之政。必爲之而阻即所謂臀无膚。其行次且。是

也。至此而侯必不安於位也。故曰厲然侯德望素著。故无大咎。此爲侯本年不

得意之占也。是年十月侯果辭總理大臣之職。

九四。包无魚。起凶。

象傳曰。无魚之凶。遠民也。

四入乾復變而爲巽。巽爲魚。魚已爲二所包。故无魚。蓋天包乎地。陽包乎陰。得所包而含宏廣大。並育無害。此二之包所以无咎也。失所包。而魚將吸溉揚波頓生凶患。小人之施毒以害君子者。其凶由是而起也。象傳以遠民釋之。魚猶民也。謂魚之不可不包。猶民之不可或遠不以民爲小人而驅而遠之。必以民爲同胞。而親而近之。斯民得兼包並育。樂荷生成。何致有消陽之患哉。

（占）問時運。剛變而柔。運途不正氣量淺狹。是以多凶。○問戰征。主將才力微薄。不能包容衆軍。防有兵變之禍。○問營商。包无魚。有囊橐空虛之象。何以獲利。○問功名。魚喜得水。人喜得名。无魚則水涸。无名則人窮。故凶。○問婚姻。婚姻之道。重在生育。包无魚言无胎孕也。凶。○問家宅。象曰遠民。此宅必在民居相遠之地。是孤村也。恐有不測之災。○問疾病。魚陰象。无魚是陰分虧極。陽不能包。必凶。○問六甲。生女。

（占例）有友人來占氣運。筮得姤之巽。

爻辭曰。九四包无魚。起凶。

斷曰。卦象爲天下有風。風之起也。忽焉而來。忽焉而去。有不期而相遇者也。在人則爲意之遭逢也。今占得四爻。四爻入乾。乾爲包。變而爲巽。巽爲魚。四欲包魚。而魚先爲二所有。故欲包而无魚也。足下占問之意。必有一事欲謀。乃其事已落他人之手。是足下運途不順所致。足下還宜含容優待。斯可免凶否則凶禍從此起矣。

九五。以杞包瓜含章。有隕自天。

象傳曰。九五含章。中正也。有隕自天。志不舍命也。

巽爲杞杞柳也。可屈以包物杞謂五。瓜謂初杞剛而瓜柔剛包柔。即杞包瓜也。姤者五月之卦瓜以五月生杞以五月盛包之正及其時矣。及時而包之柔者揚其華。剛者蘊其美自覺章綵之內含也。五秉中正之德。初得其包。亦歸於正中。即象所謂天地相遇品物咸章者其在此爻乎有隕自天者瓜之爲物不能經久黃熟而隕亦天爲之也。在包之者不肯諉諸于天命。故于其隕也。若不勝其哀矜焉。故傳以志不舍命釋之。

（占）問時運。運行中正。才力所及。自能包羅諸有。雖不言吉吉可知矣。○問營商。

生意雖不外木植瓜果等品。而包容甚廣。自有天財可得。○問功名。五居尊位。

功名自顯。但進退榮辱俱當安命。○問戰征堂堂之陣。正正之旗。王者之師也。

逆者誅。順者從。有包掃一切之勢焉。○問婚姻。有瓜瓞綿綿之象。吉。○問疾病。

為熱包寒之象。○問六甲。生女。

（占例）明治二十二年某月橫濱辯護士某來曰近因商人與地主為爭公共財

產上權利起一大訟此案向來紛爭迄今未見和解也請煩一筮以卜勝負筮

得姤之鼎。

爻辭曰。九五以杞包瓜含章。有隕自天。

斷曰。姤者一陰遇五陽之卦。陰欲長而陽抑之。蓋陰長消陽。陽長消陰。卦與夬

相反。所謂反復其道。一消一長。亦天運使然也。今足下為占爭財訟事而得此

爻。知此財產。為公共之物。甲可取。乙亦可取。猶之陰陽消長。彼此互有權也。爻

辭曰以杞包瓜就杞包瓜而論杞為植木特立在上瓜為蔓生綿延在地當以杞為商人瓜為地主所謂包者宜以商人包容地主地主之權利藉商人調護而出猶瓜之施于杞木而生也含章者謂所包之中自有章華內含以見利益之大也有隕自天者隕落也其終財產歸結要自有天數存焉非人力所可強爭也孔子曰得之不得曰有命勸兩造亦各聽命而已矣

上九姤其角吝无咎

象傳曰姤其角上窮吝也

上九辰在戌得乾氣乾為首位居首上故曰角遇而在上遇亦極矣故曰姤其角角善觸遇之而觸不如遇之而包也觸之故吝然觸亦不害其正故无咎象傳以上窮釋之凡上窮必反下剝之窮上反下而碩果不食一陽乃來復焉為姤其角正窮上反下之象故雖吝无咎聖人之于陰予以並生不欲其浸長上之姤其角令其窮而自反也

（占）問時運。運至於上。運亦窮矣。〇問營商。角逐者爭利也。姤其角。爲能得其首利也。蓋各在商人客无咎焉。〇問功名有頭角崢嶸之兆。世傳魁星有角。姤其角。是遇魁星也。功名大利。〇問戰征。角力角勝。皆有戰象。角之字爲刀下用此戰大有殺戮。是窮兵之禍也。〇問疾病想頭角之上患瘡。醫治无咎。〇問婚姻。上居乾之極。上窮反下。必是老夫而求女妻也。〇問失物。物本在高處。窮而反下。須就低處尋之可得。〇問六甲。上窮而反生男。

爻辭曰。上九。姤其角。吝无咎。

（占例）一日有友人來曰。僕與某貴顯素來親厚。大蒙恩遇。自貴顯歐米歸朝。交情忽疎偶請面謁遂至見拒。余實不知因何獲咎也。請爲一占筮得姤之大過」

斷曰。姤者女壯之卦。女子之言。最易惑聽。朋友交情。爲婦言所讒間者。往往多有今占得姤上爻。姤本女象其義爲遇爻辭曰。姤其角。角善觸。是必於相遇之際。有觸其怒者。彼婦遂挾其怨恨。設其計以相牴觸。進讒於貴顯。此貴顯與足下之疎遠所由來也。无咎者以角在上爻。上窮反下。貴顯必久當自反。知其爲讒。反而思舊。當與足下復尋舊好也。某氏聞之。頓有所悟。曰僕向於貴顯他出。

屢訪其邸。一日見渠夫人因事規勸致拂其意。旣而貴顯歸。度彼婦畏僕告知

遂設計讒間。諒事所必有也。後悟貴顯有云。我家之事。非外人所可干涉。知此。

言非無因而來也。今得其占其疑乃釋。彼婦可吾。在我固無愧焉。

䷬ 澤地萃

卦體澤上地下。澤能畜水。地能畜澤。卦通大畜。有畜聚之象。反則爲升。升象曰。
積小高大有積聚之義卦自姤來。序卦傳曰。姤者。遇也。物相遇而後聚。故受之
以萃萃者聚也此卦之所以名萃也。

萃亨。王假有廟利見大人。亨利貞用大牲吉利有攸
往。

萃與渙名相反。而義則相須渙之亨。取諸水流風行萃之亨。取諸兌悅坤順。渙
亦假廟渙之假廟見神氣之發揚萃之假廟見精誠之貫注。一散一聚義各不
同。而所以致誠者一也王者合萬國之歡心。以事其祖考。侯甸男衞駿奔在廟。
是萃之盛也。大人謂九五。五萃有位。能御衆以治亂。故利見亨利貞者。兌曰亨
利貞坤曰柔順利貞蓋即從坤兌來也。坤爲牛亦爲用故曰用大牲言大人有

象傳曰。萃聚也。順以說剛中而應。故聚也。王假有廟。

致孝享也。利見大人亨聚以正也。用大牲吉利有攸

往順天命也。觀其所聚。而天地萬物之情可見矣。

嘉會必殺牛而盟。既盟則可以往。故曰利有攸往。

坤爲聚。澤者水之所歸聚也。合之謂萃萃者聚也。爲卦上悅下順。上下合志二

中五剛。二五相應。故能聚也。王假有廟者。陸績云王謂五。廟爲上。王者聚百物

以祭其先。諸侯助祭于廟中。是謂致孝於鬼神也。五剛中而二應之。故稱大人。

二得離氣離爲目。故利見萃與升反。升曰用見大人。不言利故不言亨。萃曰利

見利則必亨。而所以亨者。又在聚之得正也。大牲牛也。左傳牛卜日曰牲註既

得吉日則牛改名曰牲。坤爲殺執坤牛而殺之。以荐牲也。故曰大牲吉。用以享

神。有以攝其心也往以助祭有以集其力也。其萃也。非勢驅力迫所能爲也。亦

唯順天之命而已。自昔殷湯用元牡。昭告皇天以誓萬方。十一征而無敵于天

下。是即用大牲吉利有攸往順天命之明證也。
以此卦擬人事。內而聚其精神外而聚其財力皆爲之萃也。然不順則散。不悅
則離。不剛則無以畏眾不中則無以服人雖萃終必渙也唯順以悅剛中以應。
斯聚得其正矣。廟祖廟祭之以禮所以致孝也。大人主祭之人。一家之長也大
人率一家之子孫有事於祖廟凡子孫入廟者必先見主祭之長。故曰利見大
人。庶幾心亨而理亦正矣。大牲者祭禮也。大則牛羊小則雞豚皆謂之牲。牲不
備不足以祭不豐亦無爲祭。故曰用大牲吉利有攸往者承祭使民理本一致。
入可以承祭。出乃可以使民故曰利往。一身之事以祭爲重以孝爲先幽以精
誠格祖考明以和樂宜室家雖曰人事豈非天命哉由一家以及一國。由一國
以及天下觀其所聚即可知天地萬物之情矣。象傳之旨在上聚祖廟之神靈。
下聚四海之歡心。聖人以孝道治天下而民德歸厚。萬國來同此萃之全象也。
如天之無不覆。如地之無不幬萬物皆會萃發育於天地之中謂之觀其所聚。
而天地萬物之情可見矣。

以此卦擬國家。國家之要。在廣土衆民兌爲悅坤爲土爲衆。有悅而歸聚之象。

順則民從悅則民服。剛則不屈中則不偏。皆足以使衆也。得其正則民聚矣。王

者繼體承統。未臨民先假廟所以承祖考之重也。孝經所謂王者合萬國之歡

心。以事其先王。上以盡孝亨之誠。下以廣孝治之道。而天下與孝矣。大人即王

者。利見利往所謂濟濟多士駿奔走。在廟率見昭考以孝以亨。是也。大牲牛也。

吉卜牲之吉也。一時荐廣牡相祀事者。咸皆顧視天之明命罔不祗肅焉。萃莫

盛於斯矣。王者法天則地以天地之並育萬物者。聯合萬國。斯其情可與天地

參矣。六爻皆反復言萃。初則以萃致亂。三則因萃興嗟。上則爲萃流涕皆不得

其萃之正爲可懼也。五得萃之位。四得萃之吉。二得萃之孚。即象所謂順以說。

剛中而應。故聚也。民之歸之如水之就下。可以見澤地之功也。

通觀此卦。國之大事。在祀與戎。故象言假有廟象言戒不虞。而其要首在於得

衆。此卦之所以取萃也。卦體下順上悅而悅故兆民歸往以之執籩豆而相

祀事而禮儀不忒。以之執戈矛而從王事而�}躍知方。上以與孝。下以與仁。風

同道一萬邦協和萃莫萃於此爲萃易位爲臨臨象曰容保民无疆萃之象矣。

二卦同爲澤地澤足以惠民地足以容衆故澤下地上爲臨地下澤上爲萃六

爻以五爲萃之主乃剛中之大人也二萃爲初與四亦萃爲其位足以致萃故

曰萃有位上則无位未免泣涕而不安矣三與上應上悲而三亦嗟矣內三爻

爲地地之所歸不擇土壤萃雖衆心不一故初因之而號三因之而嗟二雖吉

猶待引也外三爻爲澤澤之所萃心自悅矣五之萃得永貞也四之萃自无咎

也上居澤之極澤滿則水溢故有涕洟之象爲蓋惟天民有欲无主乃亂萬國

來會而禹帝萬姓悅服而武與人心之所向即見天命之所歸也故萃不可力

取唯在德化也。

大象曰澤上於地萃君子以除戎器戒不虞。

兌爲金坤爲器有戎器之象除修治也修治戎器以防不虞所謂有備無患也。

卦象爲澤上於地水滿則溢潰決奔突勢莫能禦所當豫爲之防水猶兵也故

可借鑒。按穆天子傳有七萃之士。取宿衛環聚爲名。是萃爲防禦之士。所以遏

亂也。萃象之除戎器義蓋取此耳。

（占）問時運運氣平順。但能安不忘危。自得歡樂无憂。○問戰征兵凶器戰危事。

惟能臨事而懼好謀而成。可無意外之虞也。○問營商萃有財聚之象。然聚必

有散。盈必有虧。亦理之循環所當時時豫防。○問功名宜由武功得名。○問婚

姻非寇婚媾易。每以寇婚對言。蓋防兵禍猶防女禍也。唯能豫防自可无咎。○問

家宅。澤上於水防有大水入屋之象。○問疾病防胸腹有水脹之症宜豫爲

調治。○問行人中途兵阻。一時難歸。○問六甲。生女。

答。

初六。有孚不終乃亂乃萃。若號。一握爲笑。勿恤往无

咎。

象傳曰乃亂乃萃。其志亂也。

兌爲孚。故有孚。坤爲終。初失位。故不終。坤爲聚。亦爲亂。故曰乃亂乃萃。初爲萃

之始。相孚猶淺是以有初鮮終也。不得其終則一念萃於此易一念萃於彼。

其志先亂矣。是萃適以長亂也。象傳以志亂釋之。乃猶汝也。汝自萃之汝自亂。

之也。初爻陰柔居下。雖得衆未足以總之。初與四應則御萃之權當在四也。若。

順也。號令也。謂順從四之號令。一握爲笑謂推誠相與衆皆歡說即象所云順自不

以說也。上互巽巽爲號。下互艮艮爲執執手猶握手退之所謂握手出肺肝相

示者是也。兌爲口。故曰笑。既得其笑。故勿恤往往四也。四能恩威並著初自

致烏合爲亂也。故无咎。

（占）問時運運當初交一順一逆反復無常得所教援可以无咎。○問功名。忽榮

忽辱。由於中心無主也。○問營商。有初无終聚散不定不能獲利僅可免咎而

已。○問戰征總軍出征防有兵變之憂。○問婚姻有始亂之而終娶之之象。○

問家宅。此宅不利可暫住不可久居。○問疾病此病忽號忽笑。由於心神昏亂。

往而求醫必无咎也。可勿憂。○問六甲生女。

（占例）明治十五年十月。大水陡發。上野高崎間鐵道所轄戶田川口假橋致被

冲塌。余曾執司工事。往晤鐵道局長井上君。井上君曰川口假橋冲裂。鐵道被

梗。不得不急議修築。按川口堤岸高出平地丈餘。若架造堅固鐵橋工程既大。

經費亦巨。若仍築假橋。一經發水。便遭冲決。亦非善策。若何而可。請爲籌度。余

曰。不如問諸神易。乃筮得萃之隨。

爻辭曰初六有孚不終。乃亂乃萃。若號。一握爲笑。勿恤往无咎。

斷曰此卦澤上於地。明示洪水汎濫之象。占得初爻。知此假橋建築不久。乍築

乍傾。故謂之有孚不終。乃亂乃萃。初正應在四。宜聽令於四。若號者。四之號令

也。握猶執也。得四之號令。衆皆歡欣願執其役兌爲說。所謂說以勞民民忘其

勞也。故曰一握爲笑。但四不當位則必橋之地位不當。五曰萃有位則位宜從

五五變爲豫。豫者有豫備之義。豫卦震上坤下。萃爲兌上兌西震東。易兌爲震。

橋宜改西從東方。爲當位坤地。在下坤爲厚爲基宜從平地培土爲營架一

橋。再設鐵索繫鎖於兩堤。水來隨高。水落隨平。使无冲潰奔突之患。故得无咎。

井上君聞之。亦以爲然衆議乃決。依此作橋。翌年水復大發。橋得無患。益歡易

六二。引吉。无咎。孚乃利用禴。

象傳曰。引吉。无咎。中未變也。

二居下卦之中。上應於五。知萃之當歸於五也。二與初三爲同體。初之亂三之嗟。是失所萃也。二能引之同萃於五。故曰引吉。无咎。上互巽。巽爲繩下互艮。艮爲手。有引之象。萃。夏祭名。六二爲離爻。離南方爲夏。故利用禴。二動體困。困二日利用亨祀萃反爲升升二亦曰利用禴。以二得中。故其象同也。象稱假廟用牲二爲助祭。助祭當獻方物坤爲吝嗇。故萃薄。然輸誠來萃。雖薄亦孚。孚固不在多儀也。

(占)問時運運得正中吉。○問功名可望汲引而進。○問營商引牽引也想是合衆生意必可獲吉。但須答願酬神。○問戰征古者出師必祭於內日類於野日禰是也。蓋祭神以誓師也。吉。○問婚姻二應於五。是二五訂婚也。故曰引吉。○

問疾病。仙人辟穀之法曰引導。爲引運其元氣。使之充實無虧。即可却疾。○問

六甲。生女。

(占例)友人某來。請占氣運筮得萃之困。

爻辭曰。六二引吉。无咎。孚。乃利用禴。

斷曰。此卦地上有澤。可以蓄水。即可聚財。故卦曰萃。今占得二爻。爻辭曰引吉。
知足下所謀之事。必待有人引而伸之。乃可獲吉。二與五應。能爲足下指引者。
必屬於五。惜其中有三四兩爻間隔。宜備禮祈禱以乞神佑。使三四不能阻碍。
則所謀得遂。自然吉而無咎也。

六三。萃如嗟如。无攸利。往无咎。小吝。

象傳曰。往无咎。上巽也。

三處坤之上。坤爲衆。得萃之象。蓋萃必衆心歡悅。其萃乃爲可用。三以陰居陽。
不能統率坤衆。萃者以利而萃。萃而无利。則萃者嗟矣。故曰萃如嗟如。卦以五

爻為萃之宗主即象所稱利見之大人也往而歸之有攸利焉小吝者二無御
萃之才致騰衆口為可鄙耳傳曰上巽也萃上互巽巽五曰萃不利謂往而可
得巽之利也。

（占）問時運運途平平无可獲利也。○問功名功名不利反被人鄙。○問營商貨
物雖多不售可嗟何所獲利惟轉運他處可得无咎。○問戰征有兵而不得其
用反致怨咎在主將無御衆之才也。○問婚姻未免與怨耦之嗟。○問家宅同
居不睦致多口舌往還可以无咎。○問疾病胸隔積滯作痛致聲聲叫苦以兩
便不利所致利則可以无咎。○問訟事不利。○問六甲生女。

（占例）友人來請占氣運筮得萃之咸。

爻辭曰六三萃如嗟如无攸利往无咎小吝。

斷曰卦體上悅下順衆人歸附占象得此可為佳矣今占得第三爻三爻以陰
居陽自无御衆之才。無以利衆以致衆怨。故曰萃如嗟如无攸利知足下身任
副局長不得衆心爻辭之言若適為足下發也足下當令其往附於局長斯衆

得其利而。可无咎矣。象曰。上巽。巽順也。在足下運途亦順矣。

九四。大吉无咎。

象傳曰。大吉无咎。位不當也。

四出坤入兌。當內外卦之交。爲多懼之地。初應之。三比之。開館招賓。禮賢下士。如漢之王莽曹操。臣而得衆。凶莫大焉。爻曰大吉无咎。必其克盡大吉之道。乃得无咎。必其能立无咎之地。乃得大吉。若文王三分有二以服事殷。能有其萃。而不自以爲萃。必率其萃而歸之於君。斯可謂大吉而无咎矣。象傳於大吉无咎。而猶以位不當釋之。其旨嚴矣。

（占）問時運。運氣大好。無往不吉。但於地位不當。宜愼。○問功名。大吉。但恐德不稱位。○問營商。得財得利大吉。宜作退一步想。方能有始有終。○問戰征。戰勝攻克。大吉大利。防功高震主。謗毀隨之。○問婚姻。四與初爲正應。即爲正配吉。但門第恐不甚相當也。○問家宅。此宅人口興旺。家室平安大吉。但地位少嫌卑下。○問疾病。是外強中乾之症。目下可保無咎。○問六甲。生女。

（占例）某家支配人。請占氣運。筮得萃之比。

爻辭曰九四。大吉无咎。

斷曰凡占卦取爻辭。亦當兼取爻象。往往有爻辭則吉。而爻象則凶者。今此爻之辭曰。大吉无咎。象傳曰。位不當。未免於吉中則凶。足下占氣運得此爻。在足下身任支配。凡主家之權利皆歸足下擔負。一時超附權利者。不必歸向於主家。必皆歸向於足下最宜凜凜焉。

足下之名大震。足下之運大盛。安得不謂之大吉哉。其實此等權利。皆主家所有。非足下所可自有也。象傳以位不當戒之足下最宜凜凜焉。

九五。萃有位。无咎。匪孚。元永貞悔亡。

象傳曰。萃有位。志未光也。

五居尊位爲萃之主。故曰萃有位。居其位以御其眾。故无咎。然億兆之歸往在

有位。亦不僅在有位也。要必有足以服眾者。而眾乃中心誠服矣。是萃以位。實

萃以德以德服人。此之謂孚。若徒曰萃有位而已。是以權位脅取。非心服也。孚

何有焉。匪孚而萃後且有悔元永貞者。乾坤之德也。元者。乾之長人。永貞者。坤

之載物。既具此德。則德位兼備。羣黎百姓岡不丕應。悔自亡矣。象傳曰。志未光。

為徒有其位言之耳。按比象亦曰元永貞。比以一陽統眾陰。故元永貞言於卦。

萃雖有二陽而統眾陰者以五為主。故元永貞言於五。義各有當也。

（占問）時運得位得權運當全盛。自可无咎。○問營商財則聚矣。信尚未也。能守

其正業自可久。○問功名位則高矣。望則隆矣。更宜修德履正。○問戰征三軍

既集。大業可成。更宜推誠相與。可保永終。○問婚姻位尊金多。可稱貴婿。○問

家宅。此宅地位。山環水聚。聚族而居吉。○問疾病。心神不定。宜靜養。○問訟事

以訟者儻位隆聲勢盛雖枉得直。○問六甲生女。○問失物。久後可得。无咎。

（占例）一日友人來。請占氣運。筮得萃之豫。

爻辭曰。九五。萃有位。无咎。匪孚元永貞。悔亡。

斷曰。五爻為萃之宗主。既有其位。又有其眾。運无咎也。足下占氣運。得此爻象。知足下非卑下之儔。有位有財。非一鄉之望。即一家之主也。特一時信義未孚。在眾人或懷疑畔。當履道守正。久而不失。斯吾黨尤。行寡悔。而萬事亨通矣。

上六。齎咨涕洟。无咎。

象傳曰。齎咨涕洟。未安上也。

齎咨嗟嘆之辭。目出曰涕。鼻出曰洟。齎咨涕洟。悲泣之狀也。上爻陰柔不中居萃之極。三與上為敵應。敵應則无萃。曾是孤立於上而得安乎。知其不安則憂之深。慮之甚。極之齎咨涕洟。悲愁百結。人亦當諒其哀怨而來萃也。故得无咎。

皖江陳氏以貲為資財。齎為持。謂財聚民散。是有其財而不能有其眾則坐擁厚貲適以自危。如鹿臺鉅橋。卒供輿王之恩賞。此誠當痛哭流涕者也。其說亦新切。

（占）問時運。人必年老運退。極至窮極悲苦。為可憫也。然必有憐而救援者得以

无咎。〇問營商孤客無伴。途窮日暮。大可悲慮。幸而得救无咎。〇問

運極難望成名。〇問戰征。有軍衆畔離。主將孤立之象。〇問功名時義

之悲。〇問家宅。仳離啜泣。家室不安。〇問疾病。病自悲泣過甚而來。宜寬懷調

養。〇問六甲。生女。

（占例）明治二十一年六月。余爲謀設攝綿土製造廠。游寓愛知熱田。偶過熱田

神宮得晤神職某氏。相與講易。時際旱魃。鄉農數百。賽社祈雨。余語神職曰。

鄉人誠求神其諄諄然命之乎。神職曰。神何言哉。余曰。神固不言。有足以通神

之言者其唯易乎。曷不筮之。筮得萃之否。

爻辭曰。上六。齎咨涕洟。无咎。

斷曰。此卦上卦之澤爲受水之地。澤出地上。有澤滿水溢之象。爻辭曰。齎咨。在

人爲悲怨之情。在天爲震怒之聲。即迅雷也。曰涕洟。在人爲悲泣之狀。在天爲

滂沱之澤。即大雨也。當此迅雷大雨。洪水暴作。人民罹災。神亦爲之不安故象

曰未安上也。計其時日。自初至上爲六日。當必有驗。時七月十六日也。聞者多

未之信。屆期天日晴朗。大宮司角田氏謂余曰。大雨之期。占在今日。恐不驗也。

余曰。余唯就占論占驗不驗。非余所知。然向來所占。未有不驗也。至午後。雲湧

風起。迄三時。雷公電母。風伯雨師。稅駕齊來。頃刻之間。溝澮充盈。平地皆水。於

是宮司等驚駭感服。過余稱謝。翌年伊藤議長佐野顧問。賽熟田神宮。向宮司

諸人詢問余占雨神驗。宮司即以斷辭上申兩公。大感神德之靈應。詳詢熟田

神社始祀之由。後宮內省發給祠帑十萬圓。社格列伊勢大廟之次。

䷭

卦體坤上巽下築坤辰在未未土也故坤爲地巽辰在己上值軫軫主風故巽爲風陸續云風土氣也巽爲坤所生故風從地而起即莊子所云大塊噫氣其名爲風也地上風下蓋風起自地下頃刻而行於天上有升之象升爲十二月之卦陰氣下凝陽氣上升此其時焉此卦所以名地風升也。

升。元亨。用見大人。勿恤。南征吉。

卦象由巽升坤。故曰升巽本小亨元者坤之元得夫坤元之氣故曰元亨大人謂二巽傳曰利見此曰用見謂不升則不得見用升而後可見也故曰用見。得見大人則大人必相與同升自可無恤南征者出幽入明之謂也夫巽之往坤。坤之往巽皆必食於南譬如日月之升皆南征而其降也皆北行故曰南征吉。

象傳曰。柔以時升。巽而順。剛中而應。是以大亨。用見

大人勿恤有慶也南征吉志行也。

巽位在已坤位在申其升也歷時而漸進故曰柔以時升陰始於巽而終於坤。

柔莫柔於巽矣巽象曰柔順乎剛坤象曰柔順利貞是所謂巽而順也二爲升

之主剛而得中與五相應謂之剛中而應其亨是以大也王制升諸司徒升諸

司馬皆爲大人得以用見是可勿恤柔依剛而立初得二而升之基益固而升

之道乃亨故曰有慶陽稱慶慶在初也巽屬東南坤屬西南自下升上必歷離

之南乃交於坤南爲陽明之方故征吉得其吉而升之志于是乎遂故曰志行

也。

以此卦擬人事是人之屈者求伸窮者求達也然屈伸窮達有時存也剛主動。

柔主靜柔以時升當靜爲巽柔也順亦柔也無剛以作其氣則柔弱不

能自樹其何以升哉故必應以剛中柔乃得依剛以爲立即巽象所謂巽剛而

應乎順者也其亨可謂大矣凡人之求升必藉大人爲之先導引而進之登而

庸之皆大人之力也然必先見之而後得邀其賞識用見者進見之謂也舉不

舉未可知也。故不謂之利見。然以時而見。必以時而升。當有慶焉可无憂也。昔

呂望之於文王。相見於渭南。孔明之於南陽。南征之吉。是其證也。

三代之英。有志得逮大道之行。人事之亨也。巽爲風坤爲用。正風雲際會用之

則行之時也。

以此卦擬國家。升爲升平也。所謂道隆從隆國家全盛之時也。其卦自萃來。萃

則得民得民則國治。國治而後天下平。是治道之大亨也。故升日元亨。然一治

一亂時爲之也。時未可升宜靜以俟之。不宜躁進柔而順。謂坤順以承天也。剛

中以應。謂巽剛以應時也。得其時則賢能登進。俊傑超遷。允升天子之階。用布

永清之化君臣一德。風行俗美在此時也。大人者恭己南面之大人也。當陽出

治天下之士。咸皆懷抱利器顧期一見之。爲榮斯士无被黜之憂。朝有得人之

慶說卦傳所云帝出乎震齊乎巽相見乎離。離南方也。故南征吉卦以二五爲

剛中相應。二曰有喜。五曰大得志。即可見萬年有道升平之象也。

通觀此卦卦名取地風卦象取地木。風從地而起木自地而出巽爲風亦爲木。

木與風其為升一也。升反萃萃坤居下為羣衆之象升則舉於衆而登之民上。

是古者論秀書升之制也。故反萃為升象辭曰用見曰征吉謂賢士懷抱道德。

樂為世用也曰大亨曰有慶謂朝廷任用俊彥得奏時雍也往見者在士舉而

用之者。在大人。故士之吉即為大人之吉大人之有慶亦即為士之慶也柔依

剛而能立志得坤而斯行象曰積小以高大譬如升高必自卑而登譬如升階。

必由下而進蓋有愈升而愈上者矣其大旨唯在柔以時升。先時則躁後時則

悔。皆失升進之道也。士者出而用世。審時其至要也。易之作也。多在殷周之際。

周室王化之行始於二南。所謂征南是明證也。爻象內三爻為巽。初合志二有

喜三无疑是升之得其人得其道也。外三爻為坤。四曰山五曰階。六曰冥是升

有其地。有其時也。總云二為大人。五應之則升階以見。初得允吉四應之則恭

順以事三尚可升六應之則其升已極卦體坤巽皆柔。如木初出枝條柔軟及

其干霄直上。自然剛健不屈所謂柔而順剛中以應者也。

大象曰地中生木升。君子以順德。積小以高大。

地中生木。當其萌蘖始生。藐乎小矣。及至蔽日干霄。其高大不可限量矣。蓋不知

幾經歲月得以積累而至此也。順德以坤爲極。巽柔在下。由巽升坤。

非積不能君子法之以順其德。積小高大德必日新而日懋也。人以此而樹木

者君子即以此而樹德焉。

（占）問時運得春生之氣運途當日進日盛。○問功名。有指日高陞之象。○問營

商。積累錙銖。可漸成富饒巨室。○問戰征。宜平地架列木梯。可以登高攻城。○

問婚姻。順爲婦德。有以妾作嫡之象。○問家宅。此宅初時低小。近將改造大廈。

○問疾病。是肝木春旺之症。若不順氣寬養勢將日積日重頗爲可危。○問貨

價有逐步騰貴之象。○問秋收風雨調順。年穀豐登。○問行入。一路順風。且積

蓄頗豐。○問六甲生女。

初六。允升大吉。

象傳曰。允升大吉。上合志也。

初居升之始。爲巽之主。升者下也。而允其升者上也。上允其升則升之志遂矣。

上互震。震雷出地。聲聞百里。有升之象。下升上允志同道合。吉莫大焉。晉六三日衆允下爲二陰所信升初六日允升上爲二陽所信以陰信陰。悔亡而已以陰信陽。乃得大吉。

(占)問時運。運途大順。求名求利。無不如志。大吉。○問功名。一舉成名。大吉。○問營商。貨價高升。大可獲利。○問戰征。升高窺望。得識敵情。一戰可得勝也。大吉。○問婚姻。兩姓允合。大吉。○問家宅。有出谷遷喬之兆。吉。○問疾病。爻象本吉。於問病獨非吉兆。惟在下痢下陷等症。則吉。○問失物。須就高處覓之。○問訟事宜上控。吉。○問六甲。生女。

(占例)縉紳某來請占氣運。筮得升之泰。

爻辭曰。初六。允升。大吉。

斷曰卦象取地中生木。木得春氣。枝葉怒生。漸增漸大。猶人行運得時漸入佳境之象也。今占得初爻。是初運也。升者自下升上。允者我求而被允升得其允。

九七四

斯升之志逐升之道行矣。運途得此所求所謀於名於利。無不合志。大吉之占
也。

九二。孚。乃利用禴无咎。

象傳曰。九二之孚。有喜也。

二居巽之中。備剛中之德。即爲用見之大人。初欲升五。必先歷二以求孚於二
也。古者求賢審官得人則告諸宗廟。二既孚初之升。特爲齋祓以進之上互震。
震爲祭。故用禴巽孟夏之月。禴夏祭用禴者。取柔以時升之義也。禴祭之薄者。
然輸誠求升。雖薄亦孚。在誠不在物也。故无咎象傳曰有喜。即象傳所云有慶
也。萃六二以柔應五之剛升九二以剛應五之柔。其至誠感應則一也。故爻象
用禴同。无咎亦同。

(占)問時運運途得中必有喜事臨門。○問營商商業全憑信實有信賣買進出。
無詐無虞自能永遠且可獲利○問功名定有泥金報喜。○問戰征出師必祭。

是類是鴻信爲兵食之要得信則三軍一心。無戰不克矣。○問婚姻二五交孚。

陰陽合德。大喜。○問家宅主有喜兆。○問疾病宜禱。○問六甲單月生男雙月

生女。

(占例)友人某來。請占氣運筮得升之謙。

爻辭曰。九二字乃利用禴无咎。

斷曰升者自下升上。有積小高大之象。今足下問氣運。占得第二爻。二爻剛中。

爲卦中之大人字者信也得其信不特上下交通即鬼神亦能感格爻象如此。

知足下信誼素著。於朋友上下之間。無不交孚。故得无咎且近日即有升騰喜

兆。

○明治二十九年某貴顯來。爲設立農工銀行。占問成否筮得升之謙。

爻辭曰。九二字乃利用禴无咎。

斷曰卦體坤上巽下坤爲財。爲富巽爲商。爲利五行以我尅者爲財。巽木尅坤

土。土爲財升者積小高大。有漸進漸長之象。今貴下占問銀行生業得第二爻。

爻辭曰孚字孚信也。金銀貿易。最要在信利用者利於用也。洪範六府。心曰利

用。即此旨也。據此爻辭銀行必成。且有喜兆。

九三。升虛邑。

象傳曰。升虛邑。无所疑也。

升之三巽之終坤之始也。坤爲虛。亦爲邑。故曰升虛邑。說文。虛大邱。九夫爲井。

四井爲邑。四邑爲邱。邱謂之虛。詩升彼虛矣。虛即墟也。墟爲空曠高地。由井升

邑。由邑升虛。可見積小以高大。歷試諸艱。勝任愈快。地日闢而日大。位日進而

日高象傳曰无所疑信乎三之升升之得其任矣。徵諸太王居岐。一年成邑。二

年成都。三年五倍于初爻。所言升虛升邑。蓋謂此也。升卦爻象三四五三爻皆

隱指周室之事。

(占)問時運。目下運途恰好。漸進漸盛。○問營商市廛謂之趁虛。言就虛地。會集

貨物而成市邑。可見商業日盛也。○問功名升本發達之象。初方九二則孚至

三則已升而在上。可无疑也。○問戰征。經此兵燹。城邑空虛。升虛邑。奪取空城

矣。○問家宅。有前空虛後富實之象。○問婚姻。虛邑猶空房也。不吉。○問疾病。

必是虛弱之症。無疑。○問失物不得。○問六甲。九三陽爻生男。

（占例）明治十六年。縉紳某任某縣令。將赴任請占任事吉凶筮得升之師。

爻辭曰九三升虛邑。

斷曰虛邑爲凋敝之地。人煙寥落治理殊難。非盤根錯節之才。未易勝任也。今

貴下新授某邑知事。行將赴任。占得此爻以貴下練達之才任此積衰之邑必

能治劇理繁。爲人所難爲當有措之裕如无容疑也。可爲貴下信之矣。

○明治廿八年五月爲開墾北海道十勝國利別原野占其成否筮得升之師。

爻辭曰九三升虛邑。

斷曰爻辭與占象悉相符合。可謂深切詳明曰虛邑。即荒土也曰升虛邑。是關

荒土而成村落也。初則允其升謂從事開墾者。志相合也。二則孕其升謂從事

開墾者。必有喜也。三則升已成矣。事雖難可无疑也。其成必矣。

增補高島易斷

○明治三十一年。占司法省氣運筮得升之師。

爻辭曰。九三。升虛邑。

斷曰。象謂積小高大。凡風化之日超日上。政教之日進日強皆爲升也。今占司法省。欲改設公明之法律。爲內地雜居之準備得升卦三爻夫有其邑而不治。謂之虛邑有其法而不用。亦謂之虛邑。茲者司法省新頒法律。將實施之於內地是升虛而作實也此令一行必無阻礙无容疑慮焉。

六四王用亨于岐山。吉无咎。

象傳曰。王用亨于岐山順事也。

岐山爲周發祥之地。太王荒之文王康之。時邁般告祭喬嶽岐山當必在其內也。蓋天子祭天地。諸侯祭其境內之山川亨于岐山。岐山在周境內周先王實主其祀焉。稱王者。追王之謂也。遷岐山之始。避狄而來。而積小高大遂成爲王業之基。吉何如也。象傳以順事事釋之。蓋隱指文王服事之誠。有順德。無二心也。

此周公不言之旨合前後爻象觀之而可知矣。

(占)問時運。事順適吉而无咎。○問戰征古者禱戰祈克于上帝然後接敵此即用享之義也。亨而後戰其必克矣吉。○問營商貨物之生也。多取於山林川谷之間祭法。民之取財用者必祭之謂祭之可獲利也吉。○問功名亨於岐山易矣。

(占例)某商人來請占氣運筮得升之恒。

爻辭曰。六四王用亨于岐山吉无咎。

斷曰升卦諸爻皆言升唯二四不言升其義並取於祭亨。謂人欲升騰發達必先求神明之保也。四爻辭曰王用亨于岐山岐山爲太王避狄之地。寖熾寖昌。大啓爾宇爲周室王運發祥之始今足下占得此爻知足下運氣通順正如曉日東升逐步增高財運亨通其中雖由足下計畫之精要亦有神助也。宜齋祓以禱之吉。

六五貞吉升階。

象傳曰。貞吉升階。大得志也。

五以坤德居中位。極其尊。象傳所稱君子以順德。積小以高大。唯五當之。階。天
子之阼階也。升之於階。尊之至焉。然不正則爲新莽。爲曹操。其何能吉。古來必
如大舜之有鰥在下。側陋明揚以至。命陟帝位。爻曰貞吉。象曰大得志。惟舜有
之矣。而阼易之旨。則隱指西伯方百里起。誕受周命之事也。

（占）問時運。平生志願無不得遂。大吉之兆。○問功名。拾級而登。榮寵已極。○問
營商。五爲中數。凡營財之道。不宜過盈以得中爲吉。故曰貞吉。○問戰征。凡攻
城必用梯階。所以升高也。城必可克。故吉。○問婚姻。五與二相應。爻曰升階。有
攀結高親之象。故二日有喜。○問疾病。升增也。病不宜升。亂階屬階。皆非吉兆。
○問訟事。訟本凶事。是謂禍階。升階則訟愈凶。何以得吉。○問失物。當就階墀
間尋之。○問六甲。生女。

（占例）某氏來請占其女運氣。筮得升之井。

爻辭曰六五。貞吉升階。

斷曰升者謂柔以時升升得其時是以吉也人之氣運亦以時行運得時則順失

時則逆唯在當其可之謂時也今足下占問子女行運想必爲嫁娶之事也詩

詠迨吉爲婚姻之及時階上進也升階升而愈上也是必有貴戚訂姻上嫁之

象。大吉後聞此女果嫁某縉紳。

上六。冥升利于不息之貞。

象傳曰冥升在上。消不富也。

上居坤之極升至於上升無可升矣如日之升朝而日出晝而日中暮而日入。

冥則昏暮也坤爲冥故曰冥升不息者晝夜循環之謂也今日月沒明日復升。

故曰利于不息之貞坤曰永貞即不息之貞也在人之升至上則祿位已盡魂

升魄散歸入幽冥之域凡生前富貴利達消歸无有惟此道德勳名足以流傳

於不息耳故象傳以消不富釋之此之謂也。

(占)問時運好運已過且待後運重來可以得利○問戰征有率軍夜進誤入幽

谷之象。利于息。待天明可出險也。○問營商防有人財兩失之患。○問功名升
至於上功名已顯防身後蕭條。○問婚姻恐不得偕老。○問家宅宅運已過勢
必中落。○問疾病大象不利升冥者魂升于天也。○問六甲生女恐不育。

（占例）明治二十四年占國運筮得升之蠱。

爻辭曰上六冥升利于不息之貞。

斷曰論卦體坤上巽下。由巽升坤升至於六坤位已終無可再升矣。今占國運。
得升上爻。我國家自維新以來。一革舊政悉效歐米之法以爲取彼之長補我
之短以冀日進於富強也。當時便年輕子弟游學歐米以習學其文學言語政
化風俗三年學成歸國。即升爲學士博士之職使之教授內國子弟。法非不善。
意非不良。無如此輩游學子弟其於我國向時政教。本未諳諫即於外國教育。
亦徒窺其皮毛反以揚揚自得蔑視老成其間所謂進步者。如海軍陸軍驗驗
日上。亦自有可取。而極之教育之原身心之本。終覺利不勝害爲可慨也。維新
迄今已二十餘年升進地步約計已到上爻冥升者爲日已近暮無可復升其

利在不息之貞。不息者。爲去而復來。循環不息之謂也。蓋謂我國治運所關。凡

新法之不善者皆當反我舊政。以反爲升。猶是日之沒而復升。晦而復明。即所

謂不息之貞也。斯之謂利斯之謂貞。

䷮

卦體本乾坤比坤以上一陰往乾成兌乾以中一陽來坤成坎。是爲兌上坎下。
易位爲節。節象曰澤中有水言澤能節水不使漏溢有滋潤無枯涸也。反是爲
困。澤在水上則水無所節隨瀉隨下。而澤涸矣。上互巽。巽爲木。澤竭則木槁下
互離。離爲日。日以晅之則水益涸序卦傳曰升而不已必困。故受之以困夫有
升必有降升而不降。上愈升下愈竭竭則困。故名其卦曰困。

困。亨。貞。大人吉。无咎有言不信。

困字从木在口中。木爲陽之生氣。歷坎地則涸。逢兌金則刑。木斯困矣。必自兌
而坎。轉而入震。震爲春爲生則木道乃亨。古來賢哲挺生其蒙難艱貞不知幾
經困苦。而始得亨通者類如斯矣。故曰大人吉。无咎有言不信者。謂當此困阨
之際身既不用言何足重。唯宜簡默隱忍以道自守若復喋喋多言反足招尤。

其誰聽信乎。

象傳曰困剛揜也。險以說困而不失其所亨。其唯君
子乎貞。大人吉。以剛中也。有言不信。尚口乃窮也。

困者。如敵之被困於重圍。獸之受困於陷穽。困而不能出。即象傳所謂揜也。坎。
剛也。兌柔也。九二爲二陰所揜。四五爲上六所揜內卦坎陽爲外卦兌陰所揜。
謂之剛揜揜斯困矣坎險兌說是困在身而亨在道也。二五剛中。有大人之象。
處困能亨道得其正。唯君子足以當之以德則稱君子以位則稱大人以其剛
中乃能不失所亨是以吉也。若文王之幽囚鳴琴。周公之居東赤舄孔子之被
阨興歌。是之謂險而說困而亨。樂天知命有非險阻艱難所得奪其志也。兌爲
口。故有言坎爲孚坎剛爲兌柔所揜故不信。人當困阨。或陳書以干進進立說
以矜材由君子觀之竊嘆其徒尚口說耳道既不行於世言必不信於人侈侈
煩言益致困窮矣。大人處之唯在秉剛履中以濟其困而已。

以此卦擬人事困四二字形相似木在口爲困人在口爲囚故困亦有囚禁之

義是人遭窮被阨之時也困與亨相反困必不亨亨必不困唯君子處之其身

雖困其心則亨其遇雖困其道則亨所以不失其所以亨者要在能守此貞也貞

則不爲小人之濫而爲大人之吉是天之所以玉成大人者正在此困耳卦徒

以剛爲柔揜剛陽上升自升入困爲柔所抑屈而不伸則困卦體下險上悅雖

居坎險不失兌悅所謂遇佚而不怨阨窮而不憫唯爭其道之亨不亨不問其

遇之困不困也卦象爲澤无水澤固以得水爲潤无水則澤涸然澤不以涸而

怨水人亦當不以困而怨命致命遂志此君子之所爲君子也在不安命之小

人一遭困難勢必怏怏于心輕舉躁動則甘言媚世用以乞憐乞之不應激

而發爲怨言不知困而有言卒至因言而益困是之謂有言不信尚口乃窮

也玩六爻之辭多以往來爲凶來爲吉往者謂欲前往而爭之是不知命來者

謂待其來而安之是能俟命也易之大旨不外扶陽抑陰即所以戒小人而進

君子觀小人之處困困則終困矣君子之處困困即爲亨也

以此卦擬國家。在人為困亨。在國為治亂。人不能有亨無困。國亦不能有治無

亂。困不終困。秉正以守之則困亨。亂不終亂有道以治之則亂治。亂之由來。在

於親小人遠君子小人柔也。君子剛也。是柔揜剛也。坎為險兌為說險則為艱

難離亂國家當此。政散民流。上下交困。欲其說而使衆也。不亦難乎。苟其險而

能說以兌濟坎則險不終險如太王之避亂而終得與周勾踐之臥薪嘗

膽而卒能滅吳皆所謂處困而不失其亨。雖亂而終治。原其所以治亂者道

在剛中耳。剛中指二五而言二五兩爻皆得中。五君也。二臣也君臣合志同濟

時艱猶文王之得呂望。越王之有范蠡亂而得治皆二五之功也。是以幽谷不

能為之藏蒺藜不能為之刺葛藟不能之撓天下事無不可為惟在居剛履中。

應天順人而已。若徒以空言惑世則惟口興戎適以滋亂其何益乎。

通觀此卦按蹇需困三卦皆處險蹇險而能止足以避難需險而不陷義不至

窮困卦上下三剛為柔所揜而無所容是困也。象傳之旨以險而說困而亨爻

象之義以往為凶來為吉往者自下往上來者自上來下來者齟齬而不得合。

往者中外互塞。初之株木障內。三之蒺藜拒中。上之葛藟蒙。上九二在險。九五

同德爲拯困之主。而爲四所隔。四與初應。而爲二所隔。必待四來。初而五乃得

與二合苟三之蒺藜不去。則四未得行。上之葛藟不去。則五亦未得通。故困之

害在三上。三上去而可无憂於初矣。總之困之者柔。而爲其所困者剛也。即象

所謂剛揜也。豈知剛困而柔亦困。剛困爲酒食爲金車。爲朱紱悅而在下。困亨

之象。柔困爲木石。爲蒺藜。爲葛藟險而在上。困人之象。惟其險而能說則險不

爲陷。法坎之信。坎可以濟得兌之悅。困可以亨。彼酒食朱紱金車。即從木石蒺

藜剝削葛藟而來。其百般而磨折者。正所以試歷而成就之也。困愈深成愈大。

孟子所論天降大任一章。可作爲困卦之註脚。

大象曰。澤无水困。君子以致命遂志。

井象謂木上有水。取其可汲養也。師象謂地中有水。取其能容畜也。困之象曰。

澤无水。无水則無可汲養。亦無所容畜。而澤困矣。坎爲水。亦爲志。君子觀之謂

澤之不得水。猶士之不得志也。孔子曰得之不得曰有命。命當其困。身可困志
不可奪也。譬如危城孤守。強敵環攻。內兵疲而外援絕。矢窮力盡。一戰身亡以
遂靖共之忠。斯不失見危授命之義也。是之謂君子以致命遂志。蓋命在天。志
在我。時當困窮已極。無可奈何。命則聽之於天。志則盡夫在我。為道謀不為身
謀。計百年不計一日。困而不失其所亨。惟君子能之。

(占)問時運困窮至此宜自安命。○問戰征是為孤城危急之時。惟竭力圖存生
死在所不計也。○問功名名成則身難保。身存則名恐敗。唯善自處之。○問營
商資財既竭。時事又危。爻取往凶來吉。不如歸來得可免困。○問婚姻象曰剛
揜男必夭命。女必守寡易位為節。女必能守節成名。○問家宅宅中有枯井。防
致損命。○問訟事不特訟不能直。且防因訟損命。○問行人在外困苦不堪。且
有生命之憂。○問疾病腎水虧窮症象已危。○問失物墮入深潭之下不可復
得。○問六甲。生男。

初六。臀困于株木。入于幽谷。三歲不覿。

象傳曰。入于幽谷。幽不明也。

坎爲臀。初處內卦之下。臀在人身之下。取坎下之象。象傳曰。澤无水爲漏澤。臀

之象。亦漏下。坎于木爲堅多心。株木爲根在土上者。最在底下。人以臀爲下。木

以株爲下。故爲臀困于株木。凡人間居失業。謂之株守。可以爲證。兌爲谷爲幽。

坎爲入。爲穴爲陷。陰爻亦爲穴。入于幽谷。是陷坎之底。兌爲見。坎爲三歲。坎伏

兌下。自初至四。歷三爻而兌始見。故曰入于幽谷。三歲不覿。皆從坎爲隱伏取

象。象傳以幽不明釋之。幽闇也。人當困厄之來。宜審機度勢。擇地而蹈。冀可免

厄。困于株木。入于幽谷。是困上加困也。亦因其不明所致也耳。

（占）問時運。厄運初來。漸入苦境。三年後可望順適。○問戰征。兵陷險地。如司馬

氏軍入壺蘆谷。○問營商。是販運材木生意。木在深谷。困於發運。○問功名。卑

下之象。名必不顯。○問家宅。宅在深山人跡罕到。宜于幽人。○問疾病。株木幽

谷。有棺槨山邱之象。凶。○問婚姻。男家卑微。恐有遇人不淑之嘆。○問行人。三

年後可歸。○問六甲。生男。

増補高島易斷

（占例）明治十九年七月。橫濱友人某來謂。本年大阪兵庫等處。虎列剌疫病流

行幸東京橫濱皆得無恙。不料本月橫濱花咲町。忽有一人陸患此症爾來僕

居隣近。亦有傳染深爲憂慮。請爲一筮以決吉凶。筮得困之兌。

爻辭曰。初六。臀困于株木。入于幽谷三歲不覿。

斷曰。坎爲疾。爲災。顯見有病卦名曰困。困者難也。卦象澤无水。澤在水上。水必

下漏。臀爲孔。是必洩瀉之症。兌爲秋。坎爲冬。病起於秋延及於冬。是時疫也。今

占初爻。爻辭曰臀困于株木。象近棺木。入于幽谷。象近葬穴。爻象頗凶。幸在初

爻病在初發。象傳曰困亨。明示困之中。自有得亨之道也。入于幽谷其始示以

避疫之地也。幽谷者必是深山幽僻之所。三歲不覿者。自初至四。凡歷三爻四

爻入兌。兌爲悅爲見。至兌則災脫而心說。可以出而相見也。三者爲數之一變。

久則三歲。暫則三月。皆取三也。玩此占辭君宜暫避於函根伊香保等處。自可

無患某氏聞之。大驚。即日起行。赴伊香保。果得平安無災。

九二。困于酒食。朱綬方來。利用亨祀。征凶。无咎。

象傳曰。困于酒食。中有慶也。

三四五三爻爲剛。皆困于富貴者也。二與五應。二所云服飾祭亨。與五爻同。五
雖未言酒食。有祭亨必有酒食義。亦可通坎四曰樽酒簋貳。故有酒食象困三
陰三陽。卦自乾坤來。乾爲衣。亦爲朱坤爲裳。故有朱紱象。二動體爲萃。萃二曰
利用禴。故有亨祀象。按紱蔽膝祭服。一作韍玉藻曰。一命縕韍幽衡。再命赤韍
幽衡。三命朱紱葱衡。二爲大夫。故祭服用朱紱。二得乾氣。方膺大夫之命。故曰
方來。酒食朱紱謂膏梁足以傷生文繡。因而溺志富貴之困人即所謂死於安
樂者是也。君子知之。不以酒食自養。不以朱紱自耀。而用諸祭祀則俎豆馨香。
孝孫有慶矣征凶者以斯而征。坎險在前爲三所阻。故凶。幸二居坎之中。故得
无咎。是以象傳即以中有慶釋之。

（占）問時運爻象富貴運非不佳惜其不知撙節。反爲富貴所困也。○問戰征。防
有因酒食誤事。遂致敗北。主將困而招蘺緋之辱。○問營商。因商起家。膏梁文
繡足以榮亨。但再往則有凶也。○問功名。功名已顯。但恐爲功名所困耳。○問

坤神高島易斷

疾病是逸樂過甚醉飽無度宜禱。○問家宅是富貴之家住宅六神不安宜慶

祭告无咎。○問婚姻聘禮始備采禮方來。一說即成。○問六甲生男。

（占例）板垣伯占氣運得此爻斷詞附載地雷復上爻可以參看。

六三。困于石。據于蒺藜。入于其宮。不見其妻。凶。

象傳曰。據于蒺藜。乘剛也。入于其宮。不見其妻。不祥

也。

初三上三爻。爲柔。皆困於患難者也。柔爻象取草木。三與上應。三曰蒺藜。上曰

葛藟。其象相近。三居坎之極。動體爲艮。艮爲小石。象傳謂澤无水。无水之地。泥

土皆成砂磧。有石之象。故曰困于石。坎爲蒺藜。蒺藜草之有刺者也。軍中有鐵

蒺藜。形似蒺藜。以鐵爲之。布之於地。使敵不能前進。三爻陷下。乘二之剛。欲進

不能。欲退不得。有似據於蒺藜。坎爲宮。爲入。兌爲少女。有妻之象。亦爲見。三動

體爲大過。二曰女妻。五曰老婦。三則曰棟撓。棟撓則宮崩矣。宮之中已闃無人。

何有于女妻。何有于老婦。故曰入于其宮不見其妻凶。繫辭謂非所困而困名必

辱。非所據而據身必危。辱且危故凶象傳以乘剛釋據蒺藜以三乘二之剛也。

以不祥釋入其宮以不見妻爲凶也。

(占)問時運。命運匪匪進退兩難凶。○問功名身將不保窦以名爲。○問營商卜例妻

危。後退則營已陷大凶之象。○問戰征上布矢石下設陷懷前進則身多

爲財爻宮即命宮既喪其命又失其財大凶。○問疾病繫辭曰死期將至。知病

不可救也。○問婚姻防有悼亡之戚。○問失物不得。○問訟事必散。○問六甲。

生男。

(占例)明治十九年七月。余爲避虎列剌時症。滯留函嶺木賀溫泉。東京唐物商

藤田某亦爲避疫而來。止宿同館出東京來簡示余曰僕親戚之婦某氏忽罹

時症。不知死生如何。敢請一占筮得困之大過。

爻辭曰。六三。困于石據于蒺藜入于其宮不見其妻凶。

斷曰繫辭謂困三非所困而困非所據而據死期將至。妻其可得見耶已明示

其凶矣。不待斷而可知也。翌日得電報。此婦已死。計其時刻。昨當撰蓍之頃。適
值入棺之候。三變爲大過。易以大過爲棺槨。其機更爲靈妙。

九四。來徐徐困于金車。吝有終。

象傳曰。來徐徐。志在下也。雖不當位。有與也。

兌爲金。坎爲車。九四震爻辰在卯。上值房。石氏曰房主車駕。故有金車之象。四
與初應。故相往來。徐徐。舒遲之狀。初居最下。四自外來。爲二所間。疑懼不前。故
曰來徐徐。四爲諸侯得乘金車。是亦乘剛而困於富貴者也。困於坎窞困在身。
困於富貴困在心。四知初之困於柔若不知已之困於剛也。乘此金車徐徐來
往。而不能以濟困。車殆馬煩。徒自苦耳。故吝以陽居陰。爲履不當位。然雖無二
五之中。而自有二五之剛。惟剛足以自立。四得其剛。而二五復爲推挽庶幾相
與有成。豈至終困於金車哉。故曰有終。是以象傳以有與釋之。
（占）問時運。運非不好。但地位不當。致多疑懼。未免爲人所鄙。○問戰征。運遲緩不

進以致車轍靡亂幸得救援不至終敗。○問營商辦事不力致運載貨物中途

失陷急救得全。○問功名始困終亨。○問家宅地位不當爲間分間隔不能聯

合待遲緩可以買來乃佳。○問婚姻緩緩可成。○問疾病病勢運緩已非一日。

想是馳驅勞頓致損爻曰有終其命永終矣。○問失物想遺落車中尋之可得。

○問訟事遷延已久今始可罷。○問六甲生女。

(占例)友人某來請占氣運筮得困之坎。

爻辭曰九四來徐徐困于金車吝有終。

斷曰君所問在氣運而君意專在借貸以借貸論四下與初應初爻柔爲貧四

爻剛爲富當以初爻屬君四爻屬貸者在四固有意於初間爲二爻所阻致四

遲疑不克速允四亦未免有吝爲今之計二與五應必須挽五與二說開則不

相阻而相助斯借貸終得許允也後挽人向二說之果得成就。

九五。劓刖困于赤紱乃徐有說利用祭祀。

象傳曰。劓刖。志未得也。乃徐有說以中直也。利用祭

祀受福也。

兌爲毀折亦爲刑人劓截其鼻刖斷其足。古之所謂肉刑也。五居尊位爲困之

主。是主刑者也。至治之朝政簡刑清君民相得。不爲無恥之倖免。而爲有恥之

且格斯可謂之得志矣若惟恃劓刖之用自矜明察上邀受服之榮下蒙赭衣

之苦檻車羸衣從見其困而已。故困于赤紱繫諸劓刖之下也。兌爲口乃徐有

說弼敎之道以漸而入故曰徐知用刑之不得其志則齊之以刑不如道之以

德此爲敎化之漸而仁義之流非獨肌膚之效也道惟在於中直中則无偏直

者无枉以此中直而臨民即以此中直而事神則服赤紱而薦馨香而來亨來

格。降爾遐福斯困於人者必不困於天矣。故曰利用祭祀象傳以受福釋之。九

五陽爻屬乾乾爲福福自乾來即所謂自天受之也。

（占）間時運命運剛強剛則必折防有損傷。作事宜籌度舒遲乃可變禍爲福。○

問營商。貨物底面防有潰爛損傷。須拆看收拾。徐徐出售无咎。○問功名防富
貴後致有刑傷宜禱。○問戰征主敗須徐緩收兵可圖後勝。○問家宅家業却
好。主家人有爛鼻跛足之患宜祈禱○問疾病病在頭足。徐徐調養。求神醫治。
可愈。○問婚姻主有殘疾。始不合意後得完好。○問訟事防有刑獄之災須徐
徐辯白方可免罷。○問行人在外有災宜禱後可得意而歸。○問失物必有破
傷。久後可以尋獲○問六甲生女。

（占例）縉紳某來。請占氣運筮得困之解。

爻辭曰九五。劓刖困于赤紱乃徐有說利用祭祀。

斷曰劓謂截其鼻也刖謂斷其足也。困于赤紱謂富貴而受困也。乃徐有說。利
用祭祀謂舒緩開導利用酒食以和解也。想足下於朋友之間嚴厲過甚令人
面目無光。無可退步今彼故與足下爲難。於廣衆之地。乘足下文繡而來大施
殘辱。是所謂困于赤紱也。足下須降心下氣。徐徐辯白。或復置酒立盟誓不復
記舊恨。乃可轉禍爲福否則寃寃相尋。無有已時也。足下占得困五爻。爻象如

此。余就占而斷合與不合足下當自知之。

上六困于葛藟于臲卼曰動悔。有悔征吉。

象傳曰。困于葛藟未當也。動悔有悔。吉行也。

兌為附決孔穎達曰。附決為果蓏之屬。故有葛藟之象。上六居兌之極。與初三
並為陰爻。故象取草木。是謂困於患難者也。上六去坎已遠。似可出幽谷而遷
喬木矣。乃重柔不中。不能自立。如葛藟之附物蔓延。搖宕不安。故臲卼臲卼不
安之狀。一作槸㔷文倒而音義通也。欲脫此困。非動不可。然動則不能无悔。故
曰動悔。唯知其動之有悔。而審慎以出之正。將因悔以求全。轉以有悔而可往。
蓋道以窮而始達。境由苦而得甘。此遷善所以必先悔過也。由此以往往無不
吉。故曰吉象傳一則以未當釋之。謂其為柔所困柔未當也。一則以吉行釋之。
謂其以動得悔悔亦吉也。

（占）問時運目下苦運已終。本可脫難。緣其心神不安。未能立作變計。一旦改悔。

即可獲吉。○問功名困窮既久。行將風雲變動。一舉成名吉。○問營商困于葛

藟。必是包札貨物久不得售。今當時價發動即可獲利吉。○問戰征爻曰征吉。

象曰吉行其中雖有災悔定可困悔得吉也。○問疾病此病必纏綿已久。神志

不安。當遷地靜養。自然痊愈。○問家宅此宅已舊藤葛叢生。棟柱傾斜。宜動工

改作乃吉。○問婚姻其中防有瓜葛未清看其動靜如何。一動之後斯可成就。

吉。○問訟事纏繞未休。致多巇危必待斷結乃可无事。○問行人一時被事料

纏難歸。○問失物被物繞住不見必移動後乃可尋獲。○問六甲生女。

（占例）友人某來請占氣運筮得困之訟。

爻辭曰上六。困于葛藟于臲卼曰動悔有悔征吉。

斷曰大象曰澤无水无水則物不得滋養。而无以生發。猶人无財而無以生活。

爲困窮之甚也。今占得上爻上爻困之終。本可脫困困卦體柔弱過甚。如葛藟

之施木不能自立以致飄蕩不安。若能決然思奮動而有爲故曰征吉。所謂征

吉利於出行不利坐守足下宜不遵此斷而行後運正佳。

䷯ 水風井

卦體坎上巽下。巽爲風。亦爲木。風善入。木善出。巽在坎下。是入水又能出水。有桔槔之象焉。坎爲水。亦爲穴。穴地出水。是爲井也。卦自困來。困則澤涸故无水。反之則有水。坎又爲平。水之平莫如井。此卦之所以名井也。

井。改邑不改井。无喪无得。往來井井。汔至亦未繘井。羸其瓶。凶。

井通也。物所通用也。古者建設都邑。必鑿井以養民。即或邑有改遷。而井之制不改。人得井以爲養。而井不因之見損。故无喪。井所以養人。而井不以此見功。故无得。但見往者往。來者來。人之就養於井者。亦未嘗歸功於井也。繘所以引而下瓶所以盛而上。至若繘未下。而瓶已羸。則井爲虛設。而繘亦爲虛懸矣。故曰凶。

象傳曰。巽乎水而上水。井。井養而不窮也。改邑不改

井。乃以剛中也。汔至亦未繘井。未有功也。羸其瓶。是

以凶也。

巽木入水象。取桔槔。按壯子鑿木為機。後重前輕。挈水若抽。其名曰槔。即井上

轉水轆轤。故曰巽乎水而上水。巽為繩。故象繘。坎為虛。故象瓶。以繘繫瓶所以

引水而上也。井有水。取之而不竭。故曰井養不窮也。三陰三陽卦體本自乾坤

來。坤為邑。坤五化坎則成井。成井則坤之邑改。而坎之井不變。故謂之改邑不

改井。傳曰剛中。即由坎五。不盈祇平。井之為井。在是矣。然

井不能自為養也。必有以汲之而養之功乃見。繘牽之以下。水瓶盛之以上。水

繘與瓶汲水之大用也。至而未繘井成虛設。功復何有矣。瓶若更羸。繘亦无用。

凶已可知矣。汔幾也。繘綆也。羸鉤羸也。繫辭曰井德之地。取其養也。蓋井養不

窮。喻王者政在養民汲井期於得水。為政期於得民。不可半途輟止。廢棄全功。

孟子所謂掘井而不及泉猶爲棄井亦即此旨。

以此卦擬人事井節也井節水以備養猶人節財以備用也國有治亂邑因之

改而井則仍在焉人汲之而不汲亦無所得不汲亦無所喪在井固無關得喪也人之處

財亦然吾聞有以人棄財者未聞以財棄人也。壞壞而往者爲財往熙熙而來

者爲財來財在地任人取之而不竭猶水在井任人汲之而不窮焉然汲水非

可徒手往也卦體坎水巽木坎水爲井巽木爲桔槹巽亦爲繩互體離爲瓶兌

爲口是井口也言桔槹以繩引瓶下入井口汲水而上傳所云巽乎水而上水。

井之象也隨所在而不改井之德也。至若井而未繘無以上水。水无功也。瓶而

既贏勢將墮井汲者凶矣彖爲井言而不僅爲井言也。凡天下事之節其源而

通其流者皆可作井觀焉卦以坤五化坎以乾初化巽乾爲利坤爲用利用者

爲財厚生者爲養皆人事之切要也。有其養而不知所養井幾成爲虛器有其

財而不知所用財終歸於虛靡矣。是非財之咎也。在人之不善取耳君子所以

勞民勸相爲天下通其源流焉。

以此卦擬國家井之爲言養也因民之所養之而井不自知其爲養也王

者以德養民因民之所利而利之而王者亦未嘗言利也巽入也坎信也井靜

也入故通而資之不竭信故深而改之不遷靜故安而應之不勞是剛中之德

也君子法井之德以淵深者修諸己以養者惠諸民推己及民利斯普矣然

君子具此德而遇不遇聽諸天井能養而汲不汲在於人其中或得或喪或吉

或凶人自招之君子之德必不以此而改也汲水之器有繘瓶繘而下瓶而上

其機甚捷棄而不用則器廢而井亦廢矣爲政之具在德禮道以德齊以禮其

化其神然弛而不張則具壞而政亦壞矣故作易者戒之以无功惕之以有凶

亦深爲功荒垂成者惜也

通觀此卦井反困序卦傳曰困乎上者必反下故受之以井雜卦傳曰井通而

困相遇也易位爲渙渙傳曰乘木有功井之取桔槔而不取舟其用巽木一也

旁通爲噬嗑噬嗑養也有井養之義下卦爲革革者改也有改邑不改井之象

要之井爲井汲之而不窮也其用取諸養得地而不改也其德在夫剛中或汲

而或不汲於井固无得喪也此汲而彼亦汲一任人之往來也苟若舍其鐔赢

其瓶以爲井不可食也是自棄其井矣井固无咎而汲者凶爲卦體全象主坎

是爲井中之象陰虛爲出汲之口初陰在下故爲井泥二承陽无坎故爲敝漏

三得位應上故爲受福四修德補過故爲井甃五陽剛中正故爲泉美六井養

功成故爲井收以卦時論之巽初當春夏之交水潦混濁故井有泥二當離夏

而水多魚三四兩爻爲秋秋水澄清三爲坤泉洩地上四爲兌供其毀折五六

冬也故井寒冽上爻終坎爲水養之終也大抵下卦坎水流行東南失時不遇

故不吉上卦水歸西北得其方位故多吉。

大象曰木上有水井君子以勞民勸相。

坎爲水在上巽爲木在下其象爲木上有水即象所謂巽乎水而上水之象也。

君子玩其象而修其德以之勞民勸相勞用民力也勸勸導也相輔相也坎爲

勞卦互卦兌兌爲說說以勞民兌又爲口巽爲同爲交有同心協助之象故曰

增補高島易斷

相天下之民無窮。一人之養難周君子於是勞來之勸相之使比閭族黨相親。

貧窮患難相恤開導誘掖以盡其相生相養之道如是則所以養民者周恤完

全。而無一人之漏養者所謂井養而不窮也。

（占）問時運目下交木水相生之運正可相助成事。○問戰征。有水滅木之象。水

軍有阨宜勞力相助可以出險。○問功名。木上有水有得春雨發生之象。功名

可望。○問營商。有利過於本之象吉。○問家宅。此屋棟柱恐有水濕潰爛之患。

宜急修葺。○問婚姻。坎男巽女男上於女陰陽之正也吉。○問疾病。腎水暴溢。

是安陽之症宜急調治。○問六甲生男。

初六井泥不食舊井无禽。

象傳曰井泥不食下也舊井无禽時舍也。

舊井者壞而不治之井也禽者轆轤之軸運繘者也軸上刻以禽形故曰禽或

謂軸轉之音似禽鳴也初居最下象井底水涸泥污故曰井泥不食成爲廢井。

井久有毒。故人不食。其井既廢。則轆轤之禽。亦腐朽而無有矣。故曰舊井无禽。

象傳以下也。釋井泥謂泥在井下。故不可食。以時舍釋舊井謂井已廢。故爲

時所舍。按魯語。取名魚登川禽。韋昭注。川禽鼈蜃之屬。易林遯之井曰老河空

虛。舊井无魚。此无禽即蜃蛤魚蛙之類。說亦有據。

○問疾病。是舊症也。不治。○問婚姻。人品卑下。雖屬舊親不成。○問訟事。必不

得直。○問六甲。生男防難育。

（占）問時運。爲時過運衰。不爲世用。○問戰征。有兵器朽舊不克制勝之患。○問

營商。貨物陳腐。不可販售。○問功名。年老無用。○問家宅。荒蕪已久不可居也。

（占例）友人某來。請占氣運。筮得井之需。

爻辭曰。初六。井泥不食。舊井无禽。

斷曰。井既舊有泥无禽。是廢井也。在人則運退時衰。必見棄而无用也。占者得

此。知其人品行卑下。爲人所棄。難望進用之日也。卦爻初與四應。初之舊井得

四修之。即可无咎。今足下猶舊井也。甘辱泥塗不自悔改。故終爲世棄不可復

用也。

九二。井谷射鮒。甕敝漏。

象傳曰。井谷射鮒。无與也。

井谷者。泉穴也。漢書溝洫志。井下相通行水爲井渠。井固有旁穿孔穴。二動體民爲穴也。鮒。魚之小者。子夏傳謂蝦蟇。井五月之卦。故有蝦蟇。爾雅鮒鰅鰿也。今作䗁。二體巽。巽爲風。風主蟲。蝦蟇與魚要皆不離夫介鱗蟲類。射鮒者古有射魚。淮南時則訓季冬之月。命漁師始漁天子親往射魚。史記秦始皇至之罘射得巨魚。井谷無巨魚所射者鮒耳。甕盛水之器。與瓶相類二至四互兌。兌口巽在下。象底穿。故曰甕敝漏。即象所謂嬴其瓶也。蓋井之爲水以上汲爲功。而谷水下注。如敝甕之無底者復何與於井養之功哉。而徒以射鮒爲能。故君子所不取也。

(占)問時運所得者小。所失者大矣。○問戰征誤中敵計軍入幽谷。致破斧缺群

而不得出。○問功名弋獲虛名其何能久。○問營商為貪意外之財致失本分
之利。○問婚姻門地卑微聲名殘破不佳。○問家宅此宅有廢井井口殘破水
不可食。○問疾病是下漏之症醫治可愈。○問失物物已敝敗得亦無用。○問
六甲生男防此兒有殘疾。

（占例）友人某來請占氣運筮得井之蹇。

爻辭曰。九二。井谷射鮒。甕敝漏。

斷曰井曰井養然井不能自養亦在人取之以為養也乃不取水而取鮒取非
所取是失井之義也今足下占氣運得井二爻。知足下素好學問亦如井之有
源病在專尚旁門不務正學猶是谷水為井之旁穴。射鮒非井之應得究何於
井養之義也。甕敝漏者為言井水下注如人之流品日下也爻象實為足下示
警足下當求通曉世情躬行實踐毋徒盜虛譽也。

○明治三十年。占司法省氣運筮得井之蹇。

爻辭曰。九二。井谷射鮒。甕敝漏。

斷曰。此卦下三爻爲井中之水。上三爻爲汲水以供用也。故下三爻不吉。上
爻皆吉我國近來許外國人雜居。一傚歐米各邦規則定爲法律。在我國人居
住歐米各邦者亦受歐米之保護。故我國亦保護彼國旅人。如出一轍也。今占
得二爻。其立法恐有徒貪小利轉致失其大體。謂之井谷射鮒。甕敝漏也。司外務
之任者所宜注意焉。

九三。井渫不食。爲我心惻可用汲。王明竝受其福。

象傳曰。井渫不食。行惻也。求王明。受福也。

渫治也謂治井而不停汚也。初則泥二則漏三居巽之終巽有潔齊之義。故爲
井渫渫則泥去漏塞清潔可食其有不食者。非井之咎也。猶人澡身浴德。惠澤
足以養人當局者莫之知。旁觀者知之矣。我則旁觀自謂也。謂如此清泉而竟
棄之如遺我則爲之心惻矣。井既浚治則可汲而用者。莫如此井也。此而不用。
不明甚矣安得明王出而用之也。是衆人祈禱而求其用者也。王指五。三至五

互離。故爲明王。陽爲福。喻王者登用賢才。則德澤單敷退邊受福賢者之福。即
明君之福。亦天下之福也竝受其福是一井之利徧及萬家也。

（占）問時運。懷才不用。命爲之也。○問營商明見貨物輻湊可以獲利不知販運徒勞無用
士氣頹喪爲可惜也。○問戰征兵器既修士卒可用惜無主將以致
耳。○問功名有才無命爲世所棄兩年後至五爻可望登用。○問婚姻目下不
成至五爻必得成就須在二年後也。○問家宅此宅必有舊井久湮宜濬治之。
得食此水。一家獲福若不濬不食大爲可惜。○問疾病必是心神不安之症宜
飲井泉可愈。○問失物必墜入井須汲取之可得。○問六甲生男。

附言井爲震宮五世之卦凡問疾厄得下卦多不治下卦變則瓶體破不能汲
水。即象辭所謂嬴其瓶凶補治其破猶病者得醫而治也此凶尙可救其象如此。

余二十年來。屢占屢驗無一或爽。

（占例）明治二十六年一月祝賀新年。偶謁某貴顯貴顯顧余曰近來有奇妙之
易斷乎。余曰易象精微。誠心感格無一奇妙。昨年十月間與杉浦重剛諸君會

於星岡茶寮爲占衆議院議會結局得井三爻當時政府與衆議院意見不合。

勢甚決裂後上乞天裁始得平允是所謂井井有條者也。

爻辭曰九三井渫不食爲我心惻可用汲王明竝受其福。

斷曰井。一也。而食者衆所謂往來井井有衆之象焉。想井之始鑿賴衆而成迨

井既成則衆皆得井而養喻言議之初建賴衆而唱迫議既定則衆皆依議而

行也。故在衆議院提出查定案主張人民生活之度。尙多不足爲之節省官費。

整理財政意在開國家富足之源也。在政府謂議員不諳政體不通時事以致

兩議不協譬如汲水者來至井上互論井水之清濁。而兩下停汲終歸無用究

何濟乎局外者未免爲之心憂矣。即所謂井渫不食爲我心惻者是也。政府既

不允議院議院欲力遍政府彼此各執一見遂至衝突此勢之不能中止也。於

是唯有仰求宸斷。即爻辭所謂可用汲王明竝受其福是也。幸聖上至仁至明。

能兩酌其平。政府有可讓者讓之議院有可容者容之於適宜之中。立豫算之

準以使上下各得其情斯天下竝受其福矣。貴顯聞之謂余能臆測時事。特假

易以立說也。余曰。此乃易理之先機。能貫徹於事前。余不過就易論易。而其時

事之應驗自不能出於易之外也。

○明治二十三年七月。新潟始審裁判所長富田禎次郎氏來訪。氏余舊知也。

不相見數年矣。得見之餘。互談契濶。氏曰。我今來訪。專爲道謝往年易斷也。乃

詳述從前求卜得井之三爻辭曰。井渫不食爲我心惻。可用汲王明並受其福。

是井水本清潔。無人汲之井養之功。無所施。喻人雖有才德。無人用之。則展布

之能無所見。必得明王之賞識。拔而用之。斯不特一人受福。天下並受其福。

就爻位而推之以五爻爲任用之日。六爻當大任之時。蓋即在三年四年間也。

謂當必有應驗也。至今日。斷詞一一靈驗。不爽毫釐。心窃喜之。特來致謝。

象傳曰。井甃无咎。修井也。

六四。井甃。无咎。

甃者以磚壘井防井之敗壞者也。此卦三陽爲泉。三陰爲井。初六最下。曰泥上

六最上曰收。四居其間。不失其正。故曰甃。凡井之壞壞。於污濁不修。而井率至

於無用。四能甃之。故得无咎。有四之甃乃得有五之寒泉。是助五以養人皆賴

四之甃也甃井之功不可爲不大矣。

（占）問時運。正當運途改變之時。宜自修飾不特无咎可望上進。○問營商宜整

理舊業。自可獲利。○問功名修身立名二三年後可大得志。○問戰征。詩云。修

我矛戟。與子偕作。在此時也。○問婚姻尚須待時。○問家宅。此宅宜改修爲吉。

○問六甲有弄瓦之象。生女。

（占例）橫濱港町。接近居留地。有魚鳥榮獸市塲。此市塲依各國開港條約所設。

其業最爲繁盛。一日有友來曰。近來橫濱市塲上。商人大起爭論。遂至休業。有

人欲出而調停。未得處理之方。特請一占筮得井之大過。

爻辭曰。六四井甃无咎。

斷曰。就市中商業而論。彼此俱有關係。譬如汲井之用罐瓶也。有井而無罐瓶。

則井水將何從而汲有罐瓶而無井則罐瓶亦終歸無用。同在此市塲貿易。知

益則俱益害則俱害兩相鬥。必致兩敗也。今占得三爻。曰井甃无咎甃者。治也。

因井之敗壞而重修之也。今兩家商業因此一爭未免敗壞出而修之者是在

四也。蓋四即爲居中調停之人得四調停而後五之寒泉可以復食四與五相

隔一爻。一爻當一月則來月必可和解。重復舊業矣。

○占清佛二國爭據安南事由本年三四月啓釁至今未得和戰的耗諸新聞

紙所揭皆由街談巷說。未足信憑。余因先筮清國得井之大過。

爻辭曰六四井甃无咎。

斷曰卦德爲井養不窮謂其井之大。而得其養者衆矣以喻清國之大物產豐

饒他邦皆願與貿易受其潤澤故已汲者去。未汲者來其貿易之品物無盡猶

井水之不竭也。但清國航海之術未精不能由己自輸其物產譬如井水不

能自出必待人汲之。而後能澤物故今爲安南事件雖欲與佛開戰。而終歸不

戰者。亦如井水之不能自動可知清國必不起戰也。萬一清國決計開戰則於

各國貿易大有障礙凡局外中立之國必爲之出而調停。曲意保護。猶是以磚

甃井不使汚濁之得入也。井甃无咎。此之謂也。自井四至革四爻爲七年。今後

七年清國必有改革之變。由清國不善處變也。諺曰唇亡齒寒。我國亦宜嚴整

豫備也。

九五。井洌寒泉。食。

象傳曰寒泉之食。中正也。

洌。水清也。井水在上。故洌。五爲坎之主。位居中正。坎爲寒泉。辰在子。子水也。屬

北方。故寒。按水之性。冬則溫。夏則寒。是陰中納陽。陽中納陰。其性然也。井爲五

月之卦。是以洌而且寒。孟子曰夏日飲水。冬日飲湯。當此仲夏汲此寒泉而食

之。爲得其時焉。蓋井自三渫之。四甃之。則泥去漏塞。而五之寒泉乃出。復之者

衆。斯受福者亦衆矣。王者德潤生民單及萬方。亦如是耳。井旁通爲噬嗑。噬嗑。

食也。故曰井洌寒泉食。

(占)問時運家道必寒。幸運得其時。可望進用。〇問營商井出寒泉。喻言財源之

増補高島易斷（清刻漢譯原版）（三）

井

百六十九

一〇九

長也。可望獲利。○問功名品行中正可亨鼎養之榮。○問家宅有廉泉讓水之

風。○問婚姻家風清白同甘共苦夫婦之正也。○問疾病是外寒內熱之症宜

服寒涼之劑。○問六甲生女。

（占例）明治二十二年占山縣伯氣運筮得井之升。

爻辭曰九五井洌寒泉食。

斷曰井者所以養人然不汲之則井泉雖洌。亦無所用其養。喩賢者澤足惠民

然不舉之則賢才在下亦無以施其惠今占山縣伯氣運得井之五爻知伯才

德淵深志操清潔寒素起家超升顯要其惠澤之匝敷。一如王明用汲竝受其

福於無窮也。爻曰井洌。喩言伯之氣體清明也曰寒泉食。喩言下民食伯之德

者恍若一酌寒泉。頓覺胸膈凉爽也伯之恩惠無窮。伯之榮顯亦未有艾也此

年山縣伯果任內閣總理此占辭當時上申三條公與伊藤伯。

上六。井收勿幕。有孚元吉。

象傳曰。元吉在上。大成也。

收。謂轆轤收繘幕井蓋也。勿幕者。即象所云往來井井汲者眾多。無盡無夜。取
之不竭。在井固不擅其有。不私其利。任人汲灌。故勿幕也。上居坎之極偶盡兩
開有勿幕之象字指五。五爲王明。能用汲者也。元吉元大也。謂井之利大故吉。
亦大。在上者謂上在井口養人之功。從此而出大成者。謂井養之道。至此而大
成矣。凡父辭陰柔在上。多不吉。在上元吉。唯井一卦而已。

（占）問時運功德在世。信用在人大成元吉運之極盛者也。〇問功名有大用大
受之象。非一官一邑之微也。〇問營商商務會集利益浩繁。可久可大。无往不
吉。〇問婚姻。上應在三。三日竝受其福。知兩姓皆吉。〇問戰征。凡軍將發則徹
幕勿幕即徹幕前進也。一戰功成。故曰大成吉。〇問疾病。幕亦作蓂言曰夕可
即愈也。吉。〇問六甲。生女。

（占例）明治三十年。占貿易景況。筮得井之巽。

爻辭曰上六井收勿幕。有孚元吉。

斷曰此卦下巽木上坎水。即象所云巽乎水而上水。是爲汲引井水之象。至上

爻則井之功用已成。勿幕者。王弼所謂不擅其有。不私其利也。今外商與我商。

從事貿易。我國不自輸出。待外商舶運而往。猶井水之待人而汲。內三爻井水

不食。爲貨物不能旺消。外三爻則泉美可食。汲取者衆。四爻當七八月。五爻當

九十月。上爻已在井口。當十一二月正是百貨輻湊消運興旺之時。即在生絲

一業。大種輸出。爲貿易最好景況也。果於上半年。生絲商況不振。七八月以後。

逐步發動。十一二月。時價漲至千弗以上。悉爲外商所買。國內機織塲反爲之

休業焉。

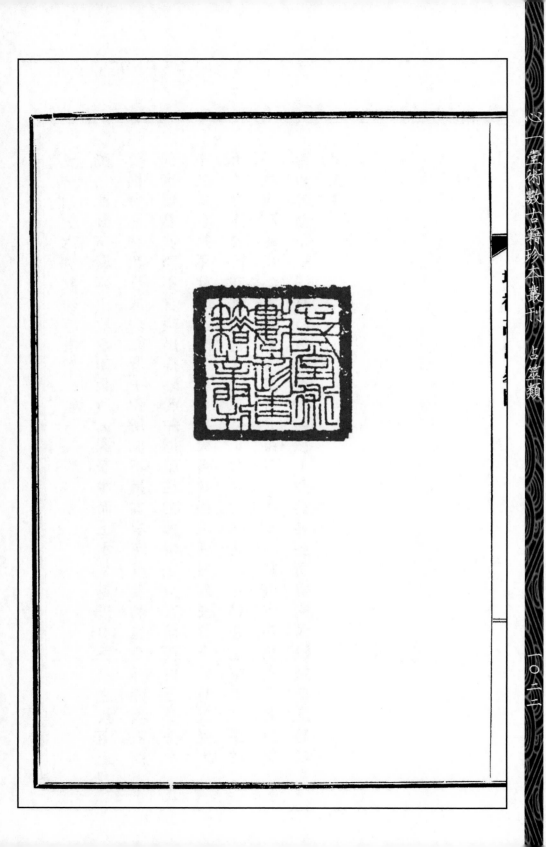